# 加工贸易达人速成
## ——操作案例与技巧

# Processing Trade Expert Express – Operation
## ——Cases & Skills

陈秋霞 编著

中国海关出版社

图书在版编目（CIP）数据

加工贸易达人速成——操作案例与技巧/陈秋霞编著．
—北京：中国海关出版社，2012.7
ISBN 978-7-80165-891-3

Ⅰ.①加… Ⅱ.①陈… Ⅲ.①加工贸易—基本知识
Ⅳ.①F746.18

中国版本图书馆CIP数据核字（2012）第152418号

## 加 工 贸 易 达 人 速 成
——操作案例与技巧
JIAGONG MAOYI DAREN SUCHENG—CAOZUO ANLI YU JIQIAO

| | |
|---|---|
| 作　　者： | 陈秋霞 |
| 策划编辑： | 马　超　徐　旻 |
| 责任编辑： | 刘　倩 |
| 责任监制： | 王岫岩 |
| 出版发行： | 中国海关出版社 |
| 社　　址： | 北京市朝阳区东四环南路甲1号　　邮政编码：100023 |
| 网　　址： | www.hgcbs.com.cn；www.hgbookvip.com |
| 编辑部： | 01065194242－7554（电话）　　01065194234（传真） |
| 发行部： | 01065194242－7540/42/44/45（电话）　　01065194233（传真） |
| 社办书店： | 01065195616/5127（电话/传真）　　01065194262/63（邮购电话） |
| | 北京市建国门内大街6号海关总署东配楼一层 |
| 印　　刷： | 北京京都六环印刷厂　　经　销：新华书店 |
| 开　　本： | 710mm×1000mm　　1/16 |
| 印　　张： | 12.75　　字　数：205千字 |
| 版　　次： | 2012年7月第1版 |
| 印　　次： | 2012年7月第1次印刷 |
| 书　　号： | ISBN 978-7-80165-891-3 |
| 定　　价： | 28元 |

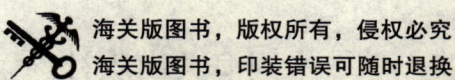

海关版图书，版权所有，侵权必究
海关版图书，印装错误可随时退换

# 前 言

本书是作者从事加工贸易工作十年的经验与技巧的总结,希望它的出版,能缩短初涉加工贸易朋友的求索之路。

本书以由浅入深、由易到难、由普遍到个别的体例来编写。

第一,初识加工贸易,为您讲述加工贸易的含义及其两大法宝——进料加工与来料加工,并介绍二者的区别与联系,以及做两种加工贸易的利益所在。那么,应该具备什么条件才能做加工贸易,又如何取得加工贸易权利呢?您将从中得到答案。

第二,深入了解加工贸易,分五部分来介绍与剖析:

(1) 办理与使用加工贸易手册一章,主要讲加工贸易手册的种类以及申办的流程和账务管理。其中详细介绍了加工贸易中最敏感的单耗、损耗率以及与对品出口成品的平衡问题。

(2) 加工贸易手册的变更一章,用案例分析的形式讲述解决加工贸易手册在执行过程中遇到各种问题的办法,即加工贸易手册的增减项、增减量问题以及加工贸易手册的延期与进出口岸的增加问题。

(3) 加工贸易手册的结转中,讲述深加工结转与余料结转的含义、种类以及办理的条件与流程。

(4) 作者教你应对加工贸易在执行中遇到的加工贸易手册终止、手册倒挂以及台账保证金提前退回等问题。

(5) 加工贸易手册核销前应该做哪方面的准备,以及核销数据的海关、外经贸局的报核。

第三,教您在加工贸易实际工作中灵活运用已掌握的知识,这也是本书的升华篇。

最后,感谢中国海关出版社能给我这个平台,感谢发掘我的,曾在中国海关出版社工作的编辑徐旻，以及一直以来支持、鼓励和悉心鞭策我的编辑马超。感谢一直默默支持我的家人、朋友和同事们，没有大家的鼓励与支持就没有本书的出版。

更需要感谢阅读了此书的所有亲爱的读者，正是因为你们的眷顾，才使得我的努力更有意义！

陈秋霞<br>
2012 年 5 月

# 目 录 CONTENTS

## 第一编　初识加工贸易

### 第一章　揭开加工贸易的面纱（从表面了解加工贸易）/3
第一节　加工贸易的含义及其两大法宝 /3
　　一、加工贸易的含义 /3
　　二、加工贸易的两大法宝及其特点 /3
　　三、加工贸易的例外 /10
第二节　进料加工与来料加工 /13
　　一、进料加工贸易与来料加工贸易的区别 /14
　　二、进料加工与来料加工的联系 /14

### 第二章　取得加工贸易的权利 /17
第一节　办理加工贸易应具备的条件 /17
第二节　获得加工贸易权利的流程 /26
　　一、海关注册，获得海关注册编码 /26
　　二、中国电子口岸业务的办理 /27
　　三、商检注册，获得商检注册编码 /28
　　四、外汇管理局 /29
　　五、获取加工贸易生产能力证明 /29

## 第二编　深入了解加工贸易

### 第三章　办理与使用加工贸易手册 / 51

#### 第一节　加工贸易手册的种类 / 51
#### 第二节　加工贸易手册的申办流程 / 54
一、进料与来料加工贸易手册的申办流程 / 54
二、外经贸局加工贸易业务批准证的审批阶段 / 91
三、海关保税科手册的审批阶段 / 96

#### 第三节　加工贸易手册的管理 / 106
一、仓库及财务对加工贸易手册项下货物的管理 / 106
二、进出口操作人员对加工贸易手册的管理及账务平衡的处理 / 107

### 第四章　加工贸易手册的变更 / 111

#### 第一节　加工贸易手册的增减项 / 111
一、进口料件的增项及原因 / 111
二、出口成品的增项及原因 / 126
三、加工贸易手册的减项 / 128

#### 第二节　加工贸易手册的增减量 / 131
一、加工贸易手册的增量 / 131
二、加工贸易手册的减量 / 134

#### 第三节　加工贸易手册的延期与增加进出口口岸 / 135
一、加工贸易手册的延期 / 135
二、增加修改进出口口岸 / 137
三、台账的变更问题 / 138

### 第五章　加工贸易手册的结转 / 139

#### 第一节　深加工结转 / 139
一、深加工结转的含义、条件及种类 / 139

二、如何办理深加工结转 / 140

第二节 余料结转 / 143

一、余料结转的含义、条件及种类 / 143

二、如何办理余料结转 / 144

## 第六章 加工贸易手册执行中遇到的意外 / 147

第一节 加工贸易手册的终止 / 147

第二节 加工贸易手册倒挂现象及台账保证金的
　　　　提前退回问题 / 157

一、加工贸易倒挂现象的含义 / 157

二、造成倒挂现象的原因 / 157

三、解决倒挂现象的办法 / 158

四、如何提前退回台账保证金 / 158

## 第七章 加工贸易手册的核销 / 160

第一节 加工贸易手册核销的含义及核销的准备工作 / 160

一、加工贸易手册的核销及时限 / 160

二、加工贸易手册核销前的准备工作 / 161

第二节 核销数据的报核 / 164

一、海关报核需要提供的单据 / 164

二、海关接核的部门及工作时限 / 164

三、在外经贸局的报核 / 165

# 第三编　灵活运用加工贸易

## 第八章 进料抵扣与外发加工 / 173

第一节 进料抵扣 / 173

一、进料抵扣的含义、条件及办理的好处 / 173

二、进料抵扣手册的办理及执行 / 174

第二节 外发加工 / 175

一、外发加工的含义 / 175
二、办理外发加工前需要注意的海关相关规定 / 176
三、办理外发加工的程序 / 176

## 第九章 加工贸易实务疑难解惑 / 184
一、作者工作中遇到的问题分享 / 184
二、网友答疑 / 185

# 第一编

# 初识加工贸易

什么是加工贸易？国际交流如此频繁，商机如此之多，我们为什么非要做加工贸易呢？况且海关对加工贸易管制又非常严格，是什么吸引我们去苦苦追求，甚至不辞辛劳地钻研，直至成为该业界的"达人"呢？

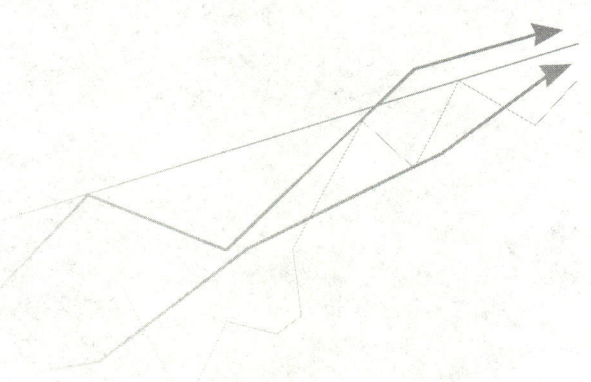

# 第一章 揭开加工贸易的面纱
# （从表面了解加工贸易）

加工贸易按原辅材料、零部件、元部件、元器件、包装物料等的流向不同，可分为进料加工贸易、来料加工贸易和出料加工贸易。本书我们只讲进料加工贸易和来料加工贸易。出料加工目前在我国并不常见，而且实用性也不大，所以就不加以介绍了。

## 第一节 加工贸易的含义及其两大法宝

### 一、加工贸易的含义

加工贸易，是指经营企业进口全部或者部分原辅材料、零部件、元器件、包装物料（以下简称料件），经加工或者装配后，将制成品复出口的经营活动，包括来料加工和进料加工。

### 二、加工贸易的两大法宝及其特点

加工贸易的吸引人之处就在于它手中的两大法宝——进料加工贸易与来料加工贸易。

（一）进料加工贸易

进料加工，是指进口料件由经营企业付汇进口，制成品由经营企业外销出口的经营活动。

仅从含义上没有看出其与一般进出口贸易的不同，仍然需要出钱买，给钱卖，没看到任何实惠。

### 案例 1-1　做进料加工的利益所在

事实胜于雄辩，让我们用一个实际案例来揭晓它的利益所在。

A 幕墙公司是我国北京一家外商投资企业，与美国纽约一家建筑公司 B 公司签订了一份 1000 万美元的销售合同。合同的内容简述如下：A 公司承担 B 公司修建的 H 大楼的室外装饰。B 公司负责提供装饰设计图纸。A 公司负责提供所有装饰材料及安装工作，其中主要装饰材料就是玻璃幕墙，但前提是制作幕墙的主要件中空玻璃、铝型材等需要从 B 公司指定的美国公司采购。其他辅料 A 公司可以在国内采购。中空玻璃完税价格是 200 万美元，铝型材完税价格是 200 万美元。贸易条款为 FOB 天津港。

A 公司施工所需的装饰材料都需要自己采购，而且还有特殊要求的地方，就是从 B 公司指定的外国厂商采购，这样一来，A 公司全部采用国产货是不可能的了，必然涉及进口，要进口产生关税肯定是不可避免的了。另外一点就是要求 A 公司自己出资采购装修材料，经过加工、组装后，再将制成品销售给 B 公司。

### 案例分析

基于这种情况，我们可以从以下四点来比较一下，看看我们采取哪种贸易形式更为有利。

1. 从国家所征税款方面比，如表 1-1 所示：

表 1-1　一般贸易与进料加工进口税额对比表

| 贸易性质 | 进口料件 | H. S. 编码 | 完税价格 | 进口关税税率（%） | 进口关税税额（RMB） | 进口增值税税率（%） | 进口增值税税额（RMB） | 合计税额（RMB） |
|---|---|---|---|---|---|---|---|---|
| 一般贸易进口 | 中空玻璃 | 70080010 | 200 万美元 | 14 | 1 912 400 | 17 | 2 647 308 | 4 559 708 |
| | 铝型材 | 76042100 | 200 万美元 | 5 | 683 000 | 17 | 2 438 310 | 3 121 310 |

续表

| 贸易性质 | 进口料件 | H.S.编码 | 完税价格 | 进口关税税率（%） | 进口关税税额（RMB） | 进口增值税税率（%） | 进口增值税税额（RMB） | 合计税额（RMB） |
|---|---|---|---|---|---|---|---|---|
| 进料加工进口 | 中空玻璃 | 70080010 | 200万美元 | 0 | 0 | 0 | 0 | 0 |
|  | 铝型材 | 76042100 | 200万美元 | 0 | 0 | 0 | 0 | 0 |

注：进口关税 = CIF 价（美元）×当前汇率×进口关税税率

进口增值税 =（CIF 价（美元）×当前汇率 + 进口关税）×进口增值税税率

汇率按 1 美元 = 6.83 元人民币折算，那么：

中空玻璃的关税 = USD2 000 000 × 6.83 × 0.14 = RMB1 912 400.00

中空玻璃的增值税 =（USD2 000 000 × 6.83 + RMB1 912 400.00）× 0.17 = RMB2 647 308.00

铝型材的关税 = USD2 000 000 × 6.83 × 0.05 = RMB683 000.00

铝型材的增值税 =（USD2 000 000 × 6.83 + 683 000.00）× 0.17 = RMB2 438 310.00

结论：同一笔买卖合同项下，以一般贸易进口须缴纳税款：RMB4 559 708.00 + RMB3 121 310.00 = RMB7 681 018.00，而以进料加工进口则免缴税款RMB7 681 018.00。

2. 从出口退税方面比较，如表 1-2 所示：

表 1-2  一般贸易与进料加工出口退税收入对比表

| 贸易性质 | 出口成品 | 出口总值（美元） | 出口退税率（%） | 出口退税额（RMB） | 实际退税收入（RMB） |
|---|---|---|---|---|---|
| 一般贸易出口 | 玻璃幕墙 | 1 000 万 | 13 | 8 879 000 | 1 197 982 |
| 进料加工出口 | 玻璃幕墙 | 1 000 万 | 13 | 5 327 400 | 3 551 600 |

注：一般贸易出口退税额 = 出口成品 FOB 值×出口退税率

   = USD10 000 000 × 6.83 × 0.13 = RMB8 879 000.00

进料加工出口退税额 = 出口成品 FOB 值×出口退税率 - 进口料件金额×复出口退税率

   = USD10 000 000 × 6.83 × 0.13 -（2 000 000 + 2 000 000）× 6.83 × 0.13

   = RMB5 327 400.00

结论：同一笔买卖合同项下，以一般贸易出口退税额为 RMB8 879 000.00，而以进料加工出口退税额为 RMB5 327 400.00。

一般贸易进口时需缴纳关税 = 4 559 708 + 3 121 310 = 7681018

那么，一般贸易实际退税收入 = RMB8 879 000 - RMB7 681 018 = RMB1 197 982.00

而进料加工实际退税收入为 RMB5 327 400.00

很显然 1 000 万美元的合同额，在出口退税方面的收入，进料加工贸易就比一般贸易多赚 RMB4 129 418.00。

3. 从进口时所需提供的监管证件方面比较，如表 1-3 所示：

表 1-3　一般贸易与进料加工监管证件对比表

| 贸易性质 | 进口料件 | 监管条件 |
|---|---|---|
| 一般贸易 | 中空玻璃 | 建筑安全玻璃<br>需 3C 认证 |
| | 铝型材 | 异型材是法检产品需 A 证（进境货物通关单） |
| 进料加工 | 中空玻璃 | 可以申请办理免 3C 认证 |
| | 铝型材 | 异型材是法检产品需 A 证（进境货物通关单） |

4. 从工作时限方面比较，如表 1-4 所示：

表 1-4　一般贸易与进料加工进口工作时限对比表

| 贸易性质 | 进口料件 | 资料准备 | 报关环节 | 工作时限 |
|---|---|---|---|---|
| 一般贸易 | 中空玻璃 | 建筑安全玻璃需 3C 认证，备齐 3C 认证至少要 1 个月的时间 | 申报，审价，审核关税，缴纳关税至放行至少要 3~4 个工作日 | 至少要一个月零一周的时间才能提到货物 |
| | 铝型材 | 异型材是法检产品需入境货物通关单，获取通关单，至少要 2~3 个工作日 | 申报，审价，审核关税，缴纳关税至放行至少要 3~4 个工作日 | 至少要 5~7 个工作日 |
| 进料加工 | 中空玻璃 | 可以申请办理免 3C 认证，3~5 个工作日 | 申报，审核加工贸易手册数量，需 1~2 个工作日 | 需 4~7 个工作日 |
| | 铝型材 | 异型材是法检产品需入境货物通关单，需 2~3 个工作日 | 申报，审核加工贸易手册数量，需 1~2 个工作日 | 需 3~5 个工作日 |

结论：同样进口中空玻璃，一般贸易进口所需工作时限为一个月零一周的时间，而进料加工进口所需工作时限为4~7个工作日。

另：对于无海关监管条件的货物，即不需要办理3C认证或入境货物通关单的普通货物的一般贸易进口，除去办理监管证件的时间外，要完成一项进口货物的清关工作，至少要3~4个工作日。

但对于进料加工进口普通货物，其工作时限就会相对缩短，1~2个工作日就可清关完毕。

时间就是金钱，这对于工期非常紧张的工程来说，一天的时间可以解决很多的问题。

（二）进料加工的特点

根据以上案例，进料加工贸易总结起来具有以下九大特点：

1. 进口料件自费购买，即经营企业自己出资购买原材料。
2. 进口料件可自己拥有，即经营企业对进口料件拥有所有权，可在海关监管下自由调配。
3. 出口成品自找出路，即经营企业加工生产出来的成品自己寻找国外客户。
4. 自负盈亏，即经营企业对自己的经营状况负责。
5. 进口料件免税，即免征关税、增值税。
6. 出口成品免税，即免征出口关税。
7. 免收部分海关监管证件。
8. 国税局按一定比例，给予退还增值税的政策。
9. 节省工作时间，加快货物通关速度。

 技巧分享

这样我们就总结出了判断是否可以采取进料加工的技巧：

其一，看进口方对进口料件是否具有所有权，是否要自行采购，如果是肯定回答，那么要想做加工贸易，就必然是进料加工。

其二，出口制成品必须与进口料件有实质性的不同。不能出现这种情况，进口采购的是中空玻璃，出口仍然是中空玻璃。

## (三) 来料加工

来料加工,是指进口料件由境外企业提供,经营企业不需要付汇进口,按照境外企业的要求进行加工或者装配,只收取加工费,制成品由境外企业销售的经营活动。

那么我们在什么情况下才可以做来料加工贸易,为何要做来料加工贸易呢?

### 案例1-2 做来料加工的利益所在

中国一家生产美容美发产品的外资企业甲公司与日本一家企业乙株式会社签订了这样一份合同:乙株式会社请甲公司代其加工一批美发用的发刷,制造发刷所用的所有料件都由乙株式会社提供,乙株式会社付给甲公司一定的加工费。甲公司代乙株式会社将出口制成品发往乙株式会社指定的中国以外的客户。如表1-5所示:

表1-5 三种贸易方式对比表

| 贸易性质 | 合同双方 | 获取进口料件的方式 | 进口关税 | 出口成品的销路 | 海关监管证件 | 进口清关工作时限 | 利润所在 |
|---|---|---|---|---|---|---|---|
| 一般贸易 | 供应合同的甲方可以不是采购合同的乙方 | 自行采购 | 征税 | 可以内销,也可以外销 | 提供海关所需的监管证件 | 普通货物至少需4~5天 | 国际间技术差异等劳务费差异退税率 |
| 进料加工 | 供应合同的甲方可以不是销售合同的乙方 | 自行采购 | 免税 | 必须外销,自寻销路 | 免部分监管证件 | 普通货物需2~3天 | 国际间技术差异劳务费差异退税率 |

续表

| 贸易性质 | 合同双方 | 获取进口料件的方式 | 进口关税 | 出口成品的销路 | 海关监管证件 | 进口清关工作时限 | 利润所在 |
|---|---|---|---|---|---|---|---|
| 来料加工 | 供应合同与销售合同是同一个合同，甲乙方也是同一个 | 外方免费提供 | 免税 | 按照免费提供方即甲方的指示发货 | 免部分监管证件 | 普通货物需2~3天 | 加工费 |

 **案例分析**

从案例中仍然能够看出必须有商品的流动，才能完成这笔交易。有进口就会涉及税款的问题。如果是一般贸易进口的话，势必要增大成本，不是甲公司的加工费降低，就是乙株式会社的收益降低，甚至双方都无利可图，这样的话，就会减少很多商机。对于海关监管证件及工作时限，来料加工与进料加工享受同等待遇。

（四）来料加工的特点

从以上案例总结来料加工，也具有以下九大特点：

1. 进口料件免费提供。
2. 进口料件只能使用，即经营企业对进口料件不具有所有权，只具有使用权。
3. 不管出口成品的销路，即经营企业按期交货，不负责寻找客户。
4. 赚取加工费，即经营企业不负责产品是否赢利，只对所加工的产品收取加工费。
5. 进口料件免税，即免征关税、增值税。
6. 出口成品免税，即免征出口关税。
7. 出口不退税。
8. 免收海关部分监管证件。

9. 节省工作时间，加速货物通关速度。

 **技巧分享**

确定是否可以做来料加工需要看：
第一，进口料件是否是免费提供的。
第二，再加工方是否以赚取加工费为目的。
第三，不负责出口制成品的销路。
第四，出口制成品必须与进口料件有实质性的变化。

## 三、加工贸易的例外

事物都不是绝对的，更不是一成不变的。所以，不是所有的商品都永远能做加工贸易，也不是永远不能做加工贸易。另外，对于加工贸易的免证免税也不是绝对的，也是有限制的。

### （一）目前海关不允许做加工贸易的商品

1. 商务部、海关总署公告 2009 年第 37 号公布了《2009 年加工贸易禁止类商品目录》，其中第二条规定：

对以下情况，按照加工贸易禁止类进行管理。

（1）为种植、养殖等出口产品而进口种子、种苗、种畜、化肥、饲料、添加剂、抗生素等。

（2）生产出口仿真枪支。

（3）禁止开展进口料件属于国家禁止进口商品的加工贸易（如含淫秽内容的废旧书刊，含有害物、放射性物质的工业垃圾等）。

（4）其他国家已公布的禁止进出口目录的商品。

2. 2009 年加工贸易禁止类商品目录见网址：http：//www.customslawyer.cn/fgk/ShowArticle.asp？ArticleID＝31337。

3. 2010 年商务部、海关总署公告 2010 年第 63 号文件，公布了关于增列入加工贸易禁止类目录的商品公告。下面是增列的商品目录：

**增列入加工贸易禁止类目录的商品**

| 序号 | 商品编号 | 商品名称 | 禁止方式 |
|---|---|---|---|
| 1 | 2804619011 | 含硅量不少于99.99%的多晶硅废碎料 | 出口 |
| 2 | 2804619019 | 其他含硅量不少于99.98%的多晶硅 | 出口 |
| 3 | 2804619091 | 其他含硅量不少于99.99%的硅废碎料 | 出口 |
| 4 | 2804619099 | 其他含硅量不少于99.99%的硅 | 出口 |
| 5 | 6907100090 | 未上釉的小陶瓷砖、瓦、块及类似品 | 出口 |
| 6 | 6907900000 | 未上釉的大陶瓷砖、瓦、块及类似品 | 出口 |
| 7 | 7001000010 | 废碎玻璃 | 出口 |
| 8 | 7001000090 | 玻璃块料 | 出口 |
| 9 | 7002100000 | 未加工的玻璃球 | 出口 |
| 10 | 7003120000 | 铸、轧制着色的非夹丝玻璃板、片 | 出口 |
| 11 | 7003190001 | 液晶显示屏用原板玻璃 | 出口 |
| 12 | 7003190090 | 铸、轧制的其他非夹丝玻璃板、片 | 出口 |
| 13 | 7003200000 | 铸、轧制的夹丝玻璃板、片 | 出口 |
| 14 | 7003300000 | 铸、轧制的玻璃型材及异型材 | 出口 |
| 15 | 7004200000 | 拉、吹制的着色玻璃板、片 | 出口 |
| 16 | 7004900001 | 光学平板玻璃,厚度0.7mm以下 | 出口 |
| 17 | 7004900090 | 拉、吹制的其他玻璃板、片 | 出口 |
| 18 | 7005100000 | 有吸收层非夹丝浮法或抛光玻璃板 | 出口 |
| 19 | 7005210000 | 其他着色非夹丝浮法玻璃板、片 | 出口 |
| 20 | 7005290001 | 浮法玻璃 | 出口 |
| 21 | 7005290090 | 其他非夹丝浮法玻璃板、片 | 出口 |
| 22 | 7005300000 | 夹丝浮法玻璃板、片 | 出口 |
| 23 | 7203100001 | 热压铁块 | 进出口 |
| 24 | 7203100090 | 直接从铁矿还原的铁产品 | 进出口 |
| 25 | 7203900000 | 其他海绵铁产品或纯度在99.94%及以上的铁 | 进出口 |

续表

| 序号 | 商品编号 | 商品名称 | 禁止方式 |
|---|---|---|---|
| 26 | 7204100000 | 铸铁废碎料 | 进出口 |
| 27 | 7204210000 | 不锈钢废碎料 | 进出口 |
| 28 | 7204290000 | 其他合金钢废碎料 | 进出口 |
| 29 | 7204300000 | 镀锡钢铁废碎料 | 进出口 |
| 30 | 7204410000 | 机械加工中产生的钢铁废料 | 进出口 |
| 31 | 7204490010 | 废汽车压件 | 进出口 |
| 32 | 7204490020 | 以回收钢铁为主的废五金电器 | 进出口 |
| 33 | 7204490090 | 未列名钢铁废碎料 | 进出口 |
| 34 | 7204500000 | 供再熔的碎料钢铁锭 | 进出口 |
| 35 | 7205100001 | 棱角钢砂 | 进出口 |
| 36 | 7205100090 | 其他生铁、镜铁及钢铁颗粒 | 进出口 |
| 37 | 7205210000 | 合金钢粉末 | 进出口 |
| 38 | 7205290000 | 生铁、镜铁及其他钢铁粉末 | 进出口 |
| 39 | 7206100000 | 铁锭及非合金钢锭 | 进出口 |
| 40 | 7206900000 | 其他初级形状的铁及非合金钢 | 进出口 |
| 41 | 7207110000 | 宽度小于厚度两倍的矩形截面钢坯 | 进出口 |
| 42 | 7207120000 | 其他矩形截面钢坯 | 进出口 |
| 43 | 7207190000 | 其他含碳量小于0.25%的钢坯 | 进出口 |
| 44 | 7207200000 | 含碳量不小于0.25%的钢坯 | 进出口 |

备注：以上商品目录按2010年海关商品编码制定。如遇编码调整，以调整后编码为准。

2. 适用D类管理的企业和涉及禁止类商品的合同，不再予以办理新合同的备案手续。经营单位不得委托按D类管理的加工企业进行加工。

### （二）并非所有进口料件及出口成品都免进出口关税

1. 进料加工的关税优惠政策主要有：

（1）专为加工出口而进口的料、件，海关按实际加工复出口的数量免征进口关税、产品税（或增值税）。加工的成品出口，免出口关税。

（2）进口直接用于加工出口成品而在生产过程中完全消耗掉的数量合理的角媒剂、催化剂、洗涤剂等化学物品，予以免税。

（3）对用于加工成品必不可少的，但在加工过程中没有完全消耗掉的，仍有使用价值的物品和生产过程中产生的副次品边角料，海关根据其使用价值分别估价征税或酌情减免税。

（4）由于改进生产工艺和改善经营管理而节余的料、件或增产的产品转为内销时，经海关审核，情况属实，其价值在进口料、件总值2%以内并且总值在人民币5 000元以下的，可以免税。

2. 进料加工的免证优惠政策：

进料加工项下的料、件，属进口配额许可管理的，除了羊毛、棉花、植物油用食糖外，免领货物许可证，海关凭登记手册和进口合同验放；加工出口的成品，如属出口许可证管理商品，应向海关交验出口货物许可证，海关凭证验放。

3. 来料加工的关税优惠政策和免证优惠政策主要有：

来料加工项下的进口料、件，以及加工返销出口产品，海关准予免领进出口货物许可证，并对以下进口物资免征进口的关税和进口环节税验放：

（1）外商提供全部或部分用于加工返销出口的原材料、辅料、零部件、元器件、配套件和包装物料。

（2）进口属于加工装配项目所必需的机器设备、产品检验仪器、安全和防治污染设备、装卸设备。

（3）进口合理数量的用于安装、加固设备的材料。

（4）进口直接用于企业加工生产出口成品而在生产过程中消耗掉的燃料油。

加工成品出口时，海关免征出口关税。

## 第二节　进料加工与来料加工

通过对进料加工与来料加工的含义、特点及相关案例的介绍，我们对其有了一个初步的了解，那它们之间是否有关系，是否可以相互转化、交错利用呢？

## 一、进料加工贸易与来料加工贸易的区别

进料加工贸易与来料加工贸易除在含义与特点上的区别以外，还有三个区别。

### 1. 经营企业特别关注的退税问题

对于退税的问题，进料加工采取的是"先征后退"政策。所谓"先征后退"，就是对国内采购的料件即国产料件事先征收增值税，待成品出口后，再由国税局退还给企业，当然对于进口料件的部分是"先不征后不退"的。而来料加工则采取的是"先不征后不退"政策。基于退税这一点，如果经营企业所出口的成品中，国产料件占的比重较大的话，那么采取来料加工的形式就不划算了。当然，经营单位在采购时可以要求企业不开立增值税发票，货值中就可以扣除增值税税点了。

### 2. 经营风险问题

仅从关税方面来看，我们不难看出进料加工的收益远超过来料加工的。事物都存在两面性，收益大在经营过程中风险也就大。来料加工只负责产品的加工，生产方面的风险很小，甚至几乎不存在；而进料加工则不同，它要承担一个项目的整个经营风险，如面临客户毁约、货币贬值、金融危机、市场波动等一系列的风险。

### 3. 加工过程中所使用的机器设备问题

采取进料加工形式的经营企业在生产过程中所使用的进口的机器设备是自费采购的，对其有所有权，不受海关监管；而采取来料加工形式的经营企业则不同。它分为作价设备和不作价设备两种。如果作价设备是经营企业自费购买的，其对此设备有自主权；而不作价设备，经营企业无须购买，是境外客户免费提供的，其对此设备则无自主权，要受海关监管。

## 二、进料加工与来料加工的联系

从哲学的角度来看，事物之间是存在联系的，进料加工贸易与来料加工

贸易作为加工贸易的两大法宝也不例外，它们之间是可以相互转化的。

1. 进料加工贸易与来料加工贸易之间是可以相互转化的，这种联系我们用实例来说明一下。

 **案例1-3　进料加工与来料加工的相互转化**

中国一家外商投资企业A公司与英国一家建筑商B公司签订了一个承建合同。合同的内容为：A公司负责B公司所建大楼C的室外装饰，装饰材料主要是幕墙单元。A公司负责合同中规定的幕墙单元的组装，但是幕墙所用的玻璃、型材等部分主料必须由B公司免费提供，其他辅料和另一部分主料由A公司在国内采购。成品组装完毕后再运往B公司所在国。

 **案例分析**

B公司免费提供料件，A公司进行加工组装后，又销售给B公司，这样看来A公司可以做来料加工。但是，来料加工出口后国家是不予以退税的，这样一来，A公司在国内也有相当数量的采购，那么，它就会损失一部分税款，无形当中就增加了成本，降低了本次交易的利润。那怎么做既能节省成本，又符合国家的规定呢？

解决的办法是：A公司与B公司再签订一份购货合同。也就是形式上先由A公司把原本由B公司免费提供的料件购买进来，当A公司将制成品发给B公司时，B公司会给A公司付汇，这时B公司可以把A公司原来付给它的料件款及制成品的货款一并付给A公司，这样A公司整个过程是完全符合国家规定的进料加工，理所当然可以退税。

当然，整个合同中如果没有规定A公司可以在国内采购，而A公司在合同的执行过程中无任何利益可图，国外公司又不配合资金的来回流动，那么A公司只能做来料加工了。

所以说，进料加工贸易与来料加工贸易是可以相互转化的。在于我们怎么去看待和利用它。当然一切前提都是应该合乎规矩的。国家为我们制定了一个好政策，我们虽然有权利享受它，但也有义务去维护它，只有这样才能把加工贸易做活、做大、做强。

2. 两者还有一个共同点就是"两头在外"。进口料件都来自国外，另外出口成品都必须返销国外。

通过揭开加工贸易的面纱，我们大致了解加工贸易的奥妙所在了，但是有人可能迫不及待地想知道，怎样才能取得做加工贸易的权利呢？应该做怎样的准备呢？

# 第二章 取得加工贸易的权利

## 第一节 办理加工贸易应具备的条件

想做加工贸易,必须先成立一家有独立法人的公司,且必须获得进出口经营权。需要强调的一点是,无论是内资企业还是外商投资企业都可以做加工贸易,其获得法人资格及加工贸易权利的过程都基本相同。

下面将阐述一个外商投资企业成长过程的案例,它会贯穿全书,介绍此公司由成立到经营加工贸易的全过程。

 **案例 2-1 公司成立的流程**

张某利用国家招商引资政策,吸引美国 H 公司与其开办合资企业。于是张某就开始着手于公司的组建。组建程序很烦琐,涉及的部门也很多,为了节省时间,顺利地申办公司,这就要求熟知一个公司组建的过程及条件,能够把每一步所需的文件提前准备好,以备不时之需。下面就是张某公司成立的全过程,可供大家参考。

外商投资企业注册流程:

(一) 企业预名

企业预名就是在成立公司之初为所要建立的公司取名字。
1. 企业预名的审批单位:

外资企业的企业预名需要到市工商管理局办理,张某想把这家合资企业设在沈阳市,而且想成立一个市级的企业,那么其就应该去沈阳市工商管理局办理企业预名。

2. 企业预名所需的单据：

（1）全体投资人签署的"企业名称预先核准申请书"［可以通过国家工商行政管理总局"中国企业登记网"（http：//qyj.saic.gov.cn）下载或者到工商行政管理机关领取］。

（2）全体投资人签署的"指定代表或者共同委托代理人的证明"及指定代表或者共同委托代理人的身份证件复印件。

（3）申请名称冠以"中国"、"中华"、"国家"、"全国"、"国际"字词的，提交国务院的批准文件复印件。由于张某只想申请市级的企业，所以其无须提供此项批文。

3. 企业预名所需的工作时限：

此项工作在一个工作日即可完成，如果资料齐全、准确的话，当日办结。办结后核发"名称预先核准通知书"。

"法人名章"可以去刻制印章社刻制。此时的张某已经拥有一份写有沈阳市 A 有限公司的名称的预先核准通知书和一个刚刚刻制好的名为"张某"的名章了。

 **技巧分享**

第一步骤很简单，只要区分好自己所成立的公司是内资企业还是外资企业，然后酝酿自己即将成立的企业的名称。

在酝酿企业名称时有大家需要注意：

事先最好多准备几个名字，然后在网上搜索一下，看是否已经有人注册过，另外，所提供的单据都应是 A4 纸规格。

接下来张某需要准备的就是租赁写字间或者是建设厂房及办公楼。同时要起草合同、可行性研究报告及公司章程，以及相关的公司规章制度。准备齐全后就可以迈向注册公司的第二步了。

（二）外商投资企业批准证书的申请

1. 批准证书的审批单位：

外商投资企业批准证书由各市商务局审批，张某是在沈阳设立公司，就应去沈阳市外经贸局。

2. 所需提交的文件，见表 2–1：

表 2–1　外商投资企业批准证书申请文件

| 序号 | 所需文件 | 备　注 |
|---|---|---|
| 1 | 申请书（全称） | 各市商务局有样本，可以在开展本步骤准备工作之时，就去申领，以免浪费时间 |
| 2 | 可行性研究报告 | 1. 由投资各方共同签署<br>2. 需双方代表签字并加盖公章<br>3. 可以自行拟订，也可请律师代为拟订<br>4. 如果自行拟订的话，可参考的几点就是，建立这个公司投入了多少，能否得到回报，多少年能得到回报，是否符合国家的规定，是否会给国家的环保带来威胁，在国家当前以及以后的大环境下，是否能够生存下去，能够生存多久？最后还要提到能给国家带来什么样的好处<br>5. 如果是两家公司之间的合资，则需在可行性报告上加盖两个公司的公章；如只是两个自然人之间的合资，那么只需要这两个自然人个人的签字再加盖个人名章即可；对于自然人张某来说并没有公章，那么就由张某签字并盖其法人名章即可，另一方需盖章，但一般国外没有公章，签字即有效 |
| 3 | 合同、章程及其附件 | 1. 盖投资方的公章，如果投资方只是自然人，可以加盖法人名章或签字<br>2. 可以自行拟订，也可请律师代为拟订<br>3. 可参考的法律法规：《合同法》、《公司法》及有关财务制度方面的规定等 |
| 4 | 投资各方的银行资信证明 | 要求存款银行开具 |
| | 登记注册证明 | 复印件，投资者<br>是个人的应该提供户照复印件并加翻译件 |
| | 法定代表人证明 | 营业执照复印件<br>外国投资者为个人的，应提供身份证明 |

续表

| 序号 | 所需文件 | 备 注 |
|---|---|---|
| 5 | 最近一年的审计报告或验资报告 | 如果是从未经营的企业，可以委托审计局出具，然后交代理费即可办理 |
| 6 | 国有资产的评估报告 | 非国有资产不用提供 |
| 7 | 进出口商品目录 | 商品的名称及其海关编码的前四位<br>此项与审批营业执照的经营范围有关，所以事先应尽量写全，否则事后还要做增项申请，比较麻烦 |
| 8 | 拟设立外商投资商业企业董事会成员名单及投资各方董事委派书 | 中外双方法人签字<br>此项是企业自行拟订的，只要写明董事长、董事即可 |
| 9 | 工商行政管理部门出具的企业名称预先核准通知书 | 此通知书在第一步中已经得到 |
| 10 | 拟开设店铺所用土地的使用权证明文件及（或）房屋租赁协议 | 复印件<br>但开设营业面积在3000平方米以下的店铺除外 |
| 11 | 拟开设店铺所在地政府商务主管部门出具的符合城市发展及城市商业发展要求的说明文件 | 此项没有房产的话不需要提供，如果张某是自己建设的厂房及办公楼，那么此项必须提供 |
| 12 | 委托书 | 法定代表人委托经办人，中外双方法人签字，授权 |

3. 所需工作时限：

规定期限为 45 个工作日，如果单据齐全且准确，12～18 个工作日即可。单据齐全的情况，前台关员接洽一周后听电话一次性告知，修改后大约一周出具外商合资合同章程批复。

4. 所需费用。

5. 所得证书：外商合资合同章程批复。

 **技巧分享**

本流程最为关键的是：可行性报告及双方签订的合同与公司的单程的起草。这三个文件可以请专业的律师来草拟也可以自行草拟，文件起草的质量直接决定着批准证书审批的进程。一般都不会一次性通过的。通常采取的是三级审批，第一级是前台的职员，核对所提供的单据是否合格准确，合格后其签字递交后台的职员，此时的你只能等待；后台职员对所提交的资料内容进行审查，主要是对可行性报告、合同、公司章程的审查。经过两级审查后，采取一次性告知的方式传达给企业修改或重新拟订。

在此过程中，为了加速审批的进程，一定要常与审批的负责人电话沟通，认真听取其提出的问题和建议，最好是能将得到他的指导，这样复审就应该没问题了。

但是这里要注意的一点是，商务局对审核通过的文件并不颁发证书，而是只暂发一个商务局的批复。我们还需要得到市技术监督管理局给予的预赋码，才可以回来换取批准证书。

（三）办理预赋码

（1）接办单位：市技术监督管理局。

（2）所需单据：商务局批复，投资方公章，填表。

（3）所需时限：一个工作日，大约 1 个小时。

（4）所需费用：因地区而异。

（5）所得证书：企业组织机构代码证的预赋码。

（四）换取外商投资企业批准证书

取得技术监督局授予的预赋码后，再回到外经贸局（商务部）换取外商

投资企业批准证书,正副本各一份。如图2-1所示:

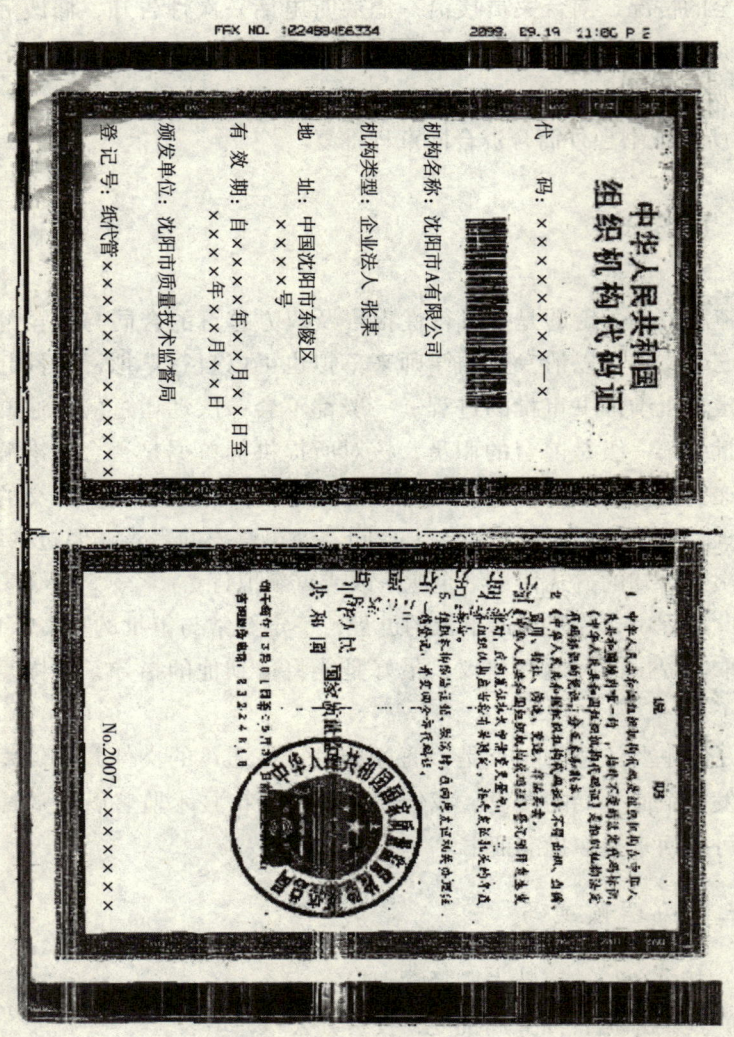

图2-1 外商投资企业批准证书

## （五）工商局注册登记

1. 所需文件，如表 2－2 所示：

表 2－2　工商注册所需文件

| 序号 | 所需文件 | 备注 |
|---|---|---|
| 1 | 外商投资企业设立登记申请书 | |
| | 企业设立登记申请表 | |
| | 中方投资者名录 | 需贴投资者的照片 |
| | 外方投资者名录 | 需贴投资者的照片 |
| | 企业法定代表人登记表 | 如张某成立的公司，就填张某的信息 |
| | 董事会成员、经理任职证明 | 写明董事会的所有成员及经理，人数要符合公司的章程 |
| | 企业住所证明 | 如租房就提供租房协议，如果像张某一样是自建的公司，则需要提供产权证明 |
| 2 | 合同、章程 | 设立外商独资企业，仅需提交章程 |
| 3 | 审批机关的批复和外商投资企业批准证书 | 证书分副本 1 和副本 2，只需提供副本 1 |
| 4 | 投资各方的合法资格证明 | 外方是个人的提供户照及其翻译件，中方提供法人营业执照，如果像张某一样无公司的，则提供本人身份证 |
| 5 | "名称（变更）预先核准申请书"、"企业名称预先核准通知书"及其他名称预先名称材料 | "企业名称预先核准通知书"的有效时限比较短，一般为两个月，所以如果在准备过程中花费时间较长的话，就需再回原发单位申请延长使用期限 |
| 6 | 指定（委托）书 | 中外方法人签字，是指委托办事人 |
| 7 | 企业秘书（联系人）登记表 | |
| 8 | 批准文件及（或）承诺书 | 经营范围涉及前置许可项目的，应提交有关审批部门的批准文件（如卫生许可证）；涉及后置许可项目的，应提交承诺书 |

2. 所需时间：5个工作日，如果经营范围涉及前置许可项目（如经营矿泉水）的，办理卫生许可证还需要时间，所以了解了办理流程，就可以提前准备，节省时间。

3. 所需费用：注册资本的0.84‰。

4. 所得证书：企业法人营业执照正副本各一份。

（六）到公安局报到，办理刻公章、财务章事宜

1. 所需单据：营业执照、组织机构代码证复印件。

2. 所需时限：2天（注：刻章是公安局指定）。

（七）技术监督局

1. 所需单据：营业执照、法人身份证复印件、经办人身份证复印件及公章。

2. 所需时限：5个工作日。

3. 所需费用：因地区而异。

4. 所得证书：组织机构代码证。

（八）国税局登记

1. 所需单据：
（1）工商营业执照原件及其复印件。
（2）组织机构代码证原件及复印。
（3）法人或负责人、办税人员有效证件复印件（会计证）、身份证件复印件。
（4）注册地址、经营地址有关房产证明复印件。
①租用房产的，提供租赁协议及出租方营业执照复印件，租用私房的同时提供产权人身份证复印件。
②使用自有房产的，提供房产权证或商品房买卖合同复印件。
③既非自有，也非租赁的，提供有关书面证明等。
（5）企业章程复印件。
（6）开户银行证明原件及复印件（注：可在办理完税务登记证后提供）。

（7）发票管理办法和财务管理办法（自行制定、分别打印、加盖公章）。

（8）分支机构须携带总机构营业执照或其他许可证照副本复印件和总机构税务登记副本复印件。

（9）商务局的批准文件原件及复印件。

（10）公章。

2. 所需时限：5个工作日。

3. 所得证书：国税登记证。

（九）地税登记

1. 所需资料：

（1）工商营业执照副本及其复印件。

（2）合同、章程（协议书）。

（3）法定代表人居民身份证、护照或其他有效证件。

（4）房产证书或租房协议。

（5）组织机构代码证。

（6）公章、财务章。

2. 所需时限：1天。

3. 所需费用：因地区而异。

4. 所得证书：地税登记证。

（十）开立基本存款账户

1. 所需单据：

（1）营业执照正本原件。

（2）法人代办人身份证。

（3）组织机构代码证。

（4）税务登记证。

（5）公章、财务章、法人名章。

2. 所需时限：单据齐全，一般一个工作日即可完成。

此时的张某已经拥有自己真正意义上的公司——沈阳市A有限公司，但是他现在还不能进行正常的进出口贸易及加工贸易，还要继续接受考验。具体程序我们在下节分解。

## 第二节　获得加工贸易权利的流程

### 一、海关注册，获得海关注册编码

1. 授理单位：各市级海关。
2. 所需单证：
(1)"企业情况登记表"。
此表在海关领取，需在表头加盖"企业公章"，内部信息按要求填写。
(2)"企业管理人员情况表"。
此表在海关领取，包括法人代表、总经理和主管会计共三份，应同时提供上述人员的身份证件复印件及主管会计的从业资格证书影印件，此表仍需加盖企业公章。
(3)"贸易性企业基本情况表"。
此表在海关领取。
(4)"外商投资企业批准证书"复印件（外资企业提供）或"项目受理审核表"（正本，内资企业提供）。
(5) 工商管理部门核发的营业执照（由工商局出具的副本复印件）。
(6) 国税、地税登记证书副本复印件。
(7) 管委会批复（外资企业提供）。
(8) 银行开户许可证复印件。
(9) 组织机构代码证复印件。
(10) 企业章程复印件。
(11) 房屋租赁协议复印件（自海关注册日，有效期最少为9个月）。
(12) 验资报告原件。
(13) 企业经营项目的可行性研究报告（企业自行拟订，对所经营项目的经济效益和社会效益作出分析）。

3. 工作时限：一般 3 个工作日就可以办结。

4. 所得证书：海关注册登记表，上面有企业在海关的十位注册编码，以后报关过程中必用。相当于企业的身份证号，每次进出口报关时，只要输入这十位编码就可直接调出企业的名称。

## 二、中国电子口岸业务的办理

中国电子口岸是海关总署等国务院十二部委在电信公网上联合共建的公共数据中心。它是运用现代信息技术，借助国家电信公网资源，将国家各行政管理机关分别管理的进出口业务信息流、资金流、货物流电子底账数据集中存放到公共数据中心，在统一、安全、高效的计算机物理平台上实现数据共享和数据交换。各国家行政管理部门可进行跨部门、跨行业的联网数据核查，企业可以在网上办理各种进出口业务。

（一）受理单位

技术监督管理局、工商行政管理局、国家税务局，外经贸局、外汇管理局、海关等几个部门联合办公，但不是每天都有人在办公，而且各地部门的发证时间也不同，所以在办理前需电话沟通好。

（二）中国电子口岸新企业入网需提供的材料

1. "组织机构代码证"副本复印件。
2. "企业法人营业执照"或"企业营业执照"副本复印件。
3. 国税税务登记证书副本复印件。
4. "对外贸易经营者登记备案表"复印件（内资企业提交）或台、港、澳、侨、外商投资企业批准证书复印件（外商投资企业提交）。
5. 海关核发的"报关注册登记证书"复印件。
6. 法人代表、管理人员、操作员身份证复印件。
7. "中国电子口岸企业情况登记表"1号表和"中国电子口岸企业 IC 登记表"2号表。

## （三）所得证书

企业法人卡、操作员卡及读卡器。

## 三、商检注册，获得商检注册编码

此步骤不是获得进出口经营权的必要条件，而是进行进出口经营的充分条件和必要准备。

### （一）受理单位

企业所在地的出入境检验检疫局。

### （二）准备工作

第一步，登录网址：http://www.eciq.cn。
第二步，选择"新注册单位"，输入报检单位组织机构代码。
第三步，选择"登录"，进入"自理报检单位"，选择"登记备案申请"。
第四步，输入单位基本信息（打红色"*"号的是必须输入的项目）。
第五步，待申请成功，点击右上方的"打印"按钮。
第六步，打印出"自理报检单位登记备案申请表"，并盖上申请单位公章、报检专用章（如果有，通常都是注册完后再刻制），法定代表人签字。

### （三）审批时所需提供的资料

1. "自理报检单位登记备案申请表"。
2. 加盖企业公章的企业工商营业执照复印件（同时交验原件）。
3. 加盖企业公章的组织机构代码证复印件（同时交验原件）。
4. 加盖企业公章的有关进出口经营权的证明文件复印件（适用于有进出口经营权的企业，同时交验原件）。
5. 已获得各类体系认证的出口企业需填写"获证企业备案表"（登录www.sx.ziq.gov.cn可下载）。

## （四）工作时限

商检受理后 5 个工作日可以出具"自理报检单位登记备案证书"。

## 四、外汇管理局

实际发生进出口时直接去办理，无须提前办理。

## 五、获取加工贸易生产能力证明

（一）登录 http：//jmsa.ec.com.cn 网站，填制符合自己企业要求的表格

1. 登录加工贸易网站，如图 2-2 所示：

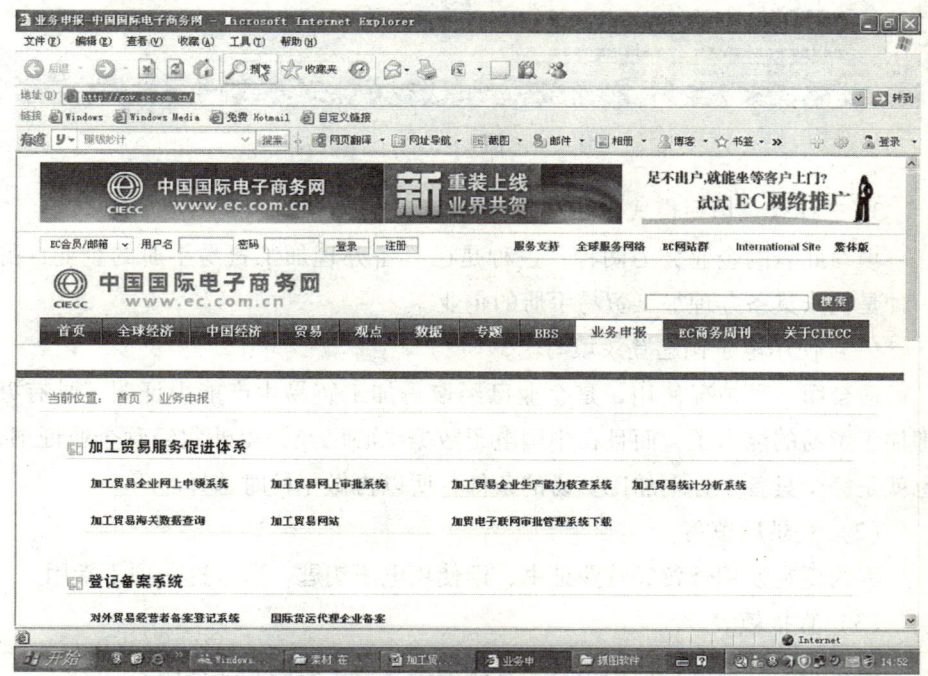

图 2-2　加工贸易联网申请系统

2. 选择加工贸易企业生产能力检查系统,如图2-3所示:

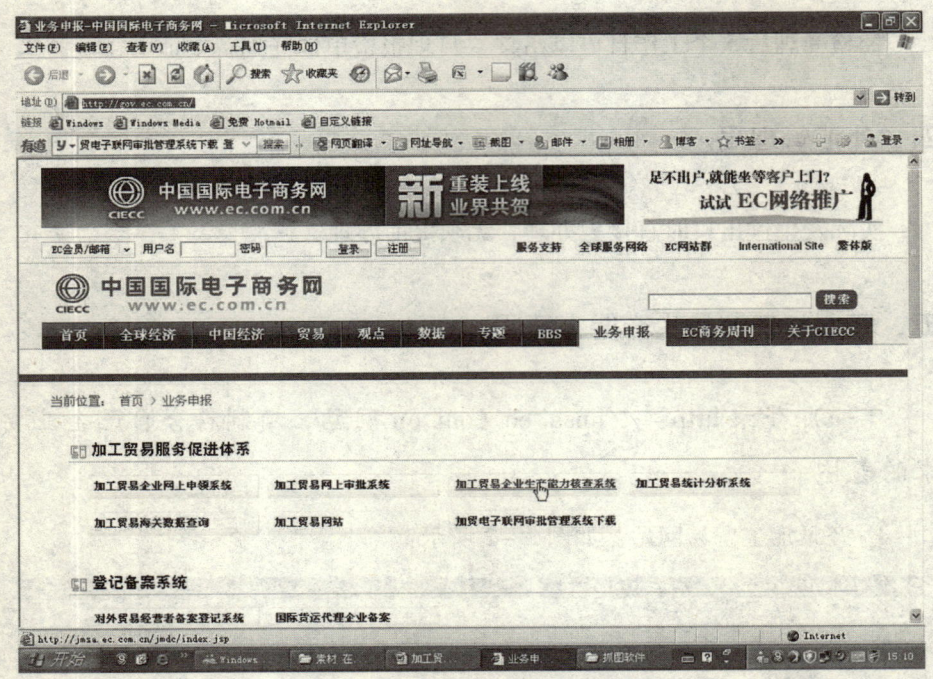

图2-3

3. 选择登录填写模式,如图2-4所示:

填写此表的企业分为两种:一种是已具备办理加工贸易手册的企业,另一种是仍未具备办理加工贸易手册的企业。

(1) 使用电子钥匙登录填写。

适合第一种情况使用,是企业已经取得加工贸易生产能力证明,具有办理加工贸易的能力了,而且在中国电子数据中心已经获得外贸经营企业证书,也就是完全具备了办理加工贸易的条件,所以再做年检时选择。

(2) 登录后填写。

因为现在使用外贸经营业证书,即使用电子钥匙,所以这一项不常用。

(3) 直接填表。

适合第三种情况,即仍未具备办理加工贸易手册的企业使用。

4. 输入企业代码,这里的企业代码为中华人民共和国组织机构代码,一般经营企业为13位代码,加工企业为9位代码,如图2-5所示:

第二章 取得加工贸易的权利 | 31

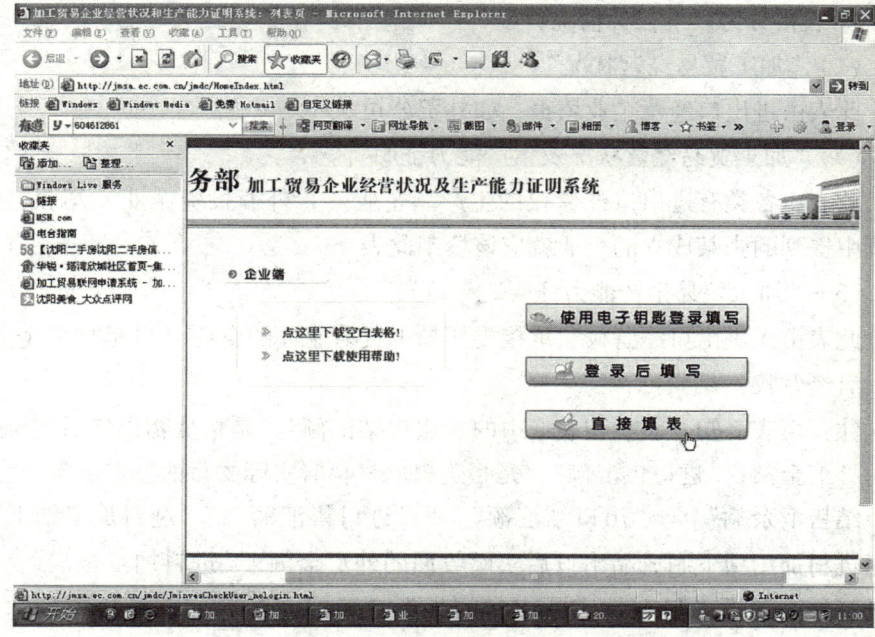

图 2-4

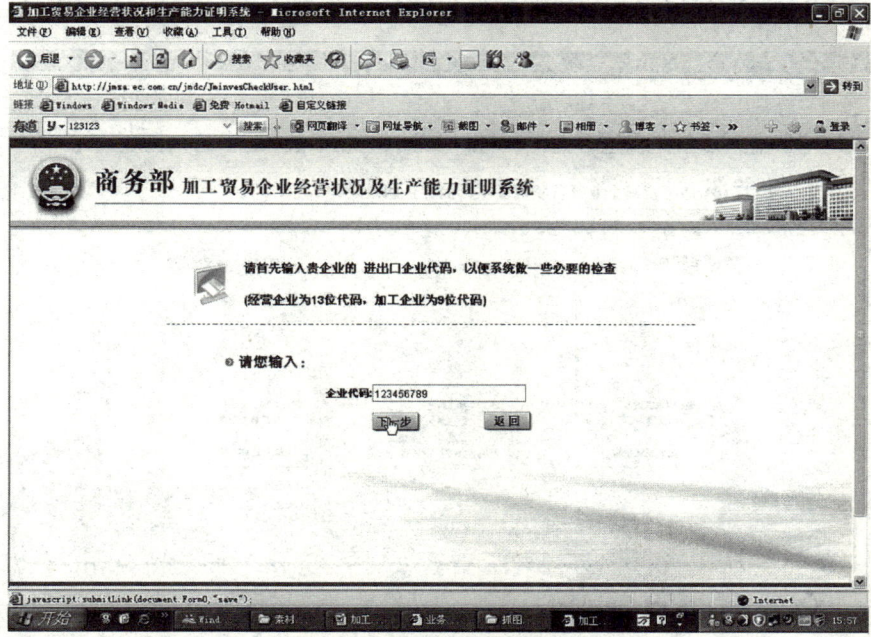

图 2-5 加工企业代码

5. 表格分为以下三种情况：

(1) "加工贸易经营状况"。

此表由进出口经营企业填报，如外贸公司。

(2) "加工贸易经营状况及生产能力证明"。

此表由各类有进出口经营权的生产型企业（含外商投资企业）填报，如案例中提到的张某成立的企业就应该填制此表。

(3) "加工贸易生产能力证明"。

此表由无进出口经营权、承接委托加工贸易业务的企业（只是加工企业，不具有经营权）填报。

注：填表需知：表一和表二中的"出口结汇额"，是指货物出口后实际收回的外汇金额；"进口售汇额"，是指进口原材料时实际支付的外汇金额；"进出口结售汇余额" = "出口结汇额" – "进口售汇额"；"进料加工结汇"，是指进料加工项下制成品出口后实际收回的外汇金额；"进料加工售汇"，是指进料加工项下进口料件实际支付的外汇金额的"进料加工结售差额"为"进料加工结汇"与"进料加售汇"之间的差额。

张某成立的公司属于经营加工企业，所以填写表二。如图2-6所示：

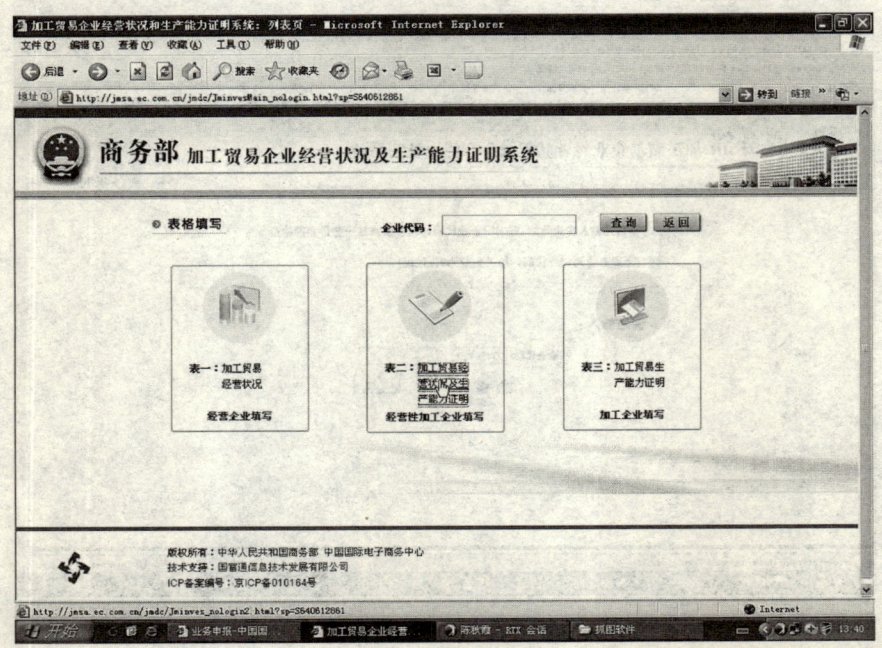

（续图）

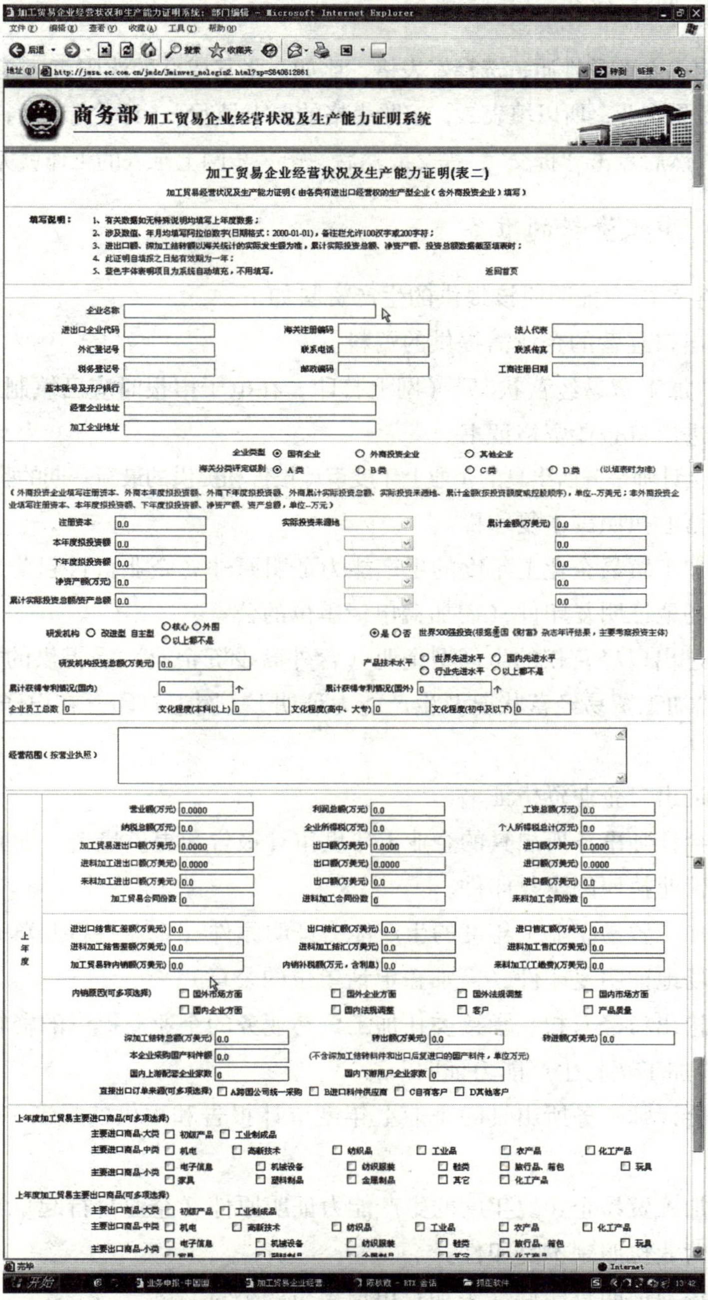

商务部 加工贸易企业经营状况及生产能力证明系统

**加工贸易企业经营状况及生产能力证明(表二)**

加工贸易经营状况及生产能力证明（由各类有进出口经营权的生产型企业（含外商投资企业）填写）

填写说明：
1、有关数据如无特殊说明均填写上年度数据；
2、涉及数值、年月均填写阿拉伯数字(日期格式：2000-01-01)，备注栏允许100汉字或200字符；
3、进出口额、深加工结转额以海关统计的实际发生额为准，累计实际投资总额、净资产额、投资总额数据截至填表时；
4、此证明自填报之日起有效期为一年；
5、蓝色字体表明项目为系统自动填充，不用填写。

返回首页

企业名称
进出口企业代码　海关注册编码　法人代表
外汇登记号　联系电话　联系传真
税务登记号　邮政编码　工商注册日期
基本账号及开户银行
经营企业地址
加工企业地址

企业类型 ⊙国有企业 ○外商投资企业 ○其他企业
海关分类评定级别 ⊙A类 ○B类 ○C类 ○D类 （以填表时为准）

（外商投资企业填写注册资本、外商本年度拟投资额、外商下年度拟投资额、外商累计实际投资总额、实际投资来源地、累计金额(按投资额度或控股顺序)，单位--万美元；非外商投资企业填写注册资本、本年度拟投资额、下年度拟投资额、净资产额、资产总额，单位--万元）

注册资本 0.0　实际投资来源地　累计金额(万美元) 0.0
本年度拟投资额 0.0　0.0
下年度拟投资额 0.0　0.0
净资产额(万元) 0.0　0.0
累计实际投资总额/资产总额 0.0　0.0

研发机构 ○改进型 自主型 ○核心 ○外围 ○以上都不是
⊙是 ○否 世界500强投资(根据美国《财富》杂志年评结果，主要考察投资主体)
研发机构投资总额(万美元) 0.0
产品技术水平 ○世界先进水平 ○国内先进水平 ○行业先进水平 ○以上都不是
累计获得专利情况(国内) 0 个　累计获得专利情况(国外) 0 个
企业员工总数 0　文化程度(本科以上) 0　文化程度(高中、大专) 0　文化程度(初中及以下) 0

经营范围（按营业执照）

上年度
营业额(万元) 0.0000　利润总额(万元) 0.0　工资总额(万元) 0.0
纳税总额(万元) 0.0　企业所得税(万元) 0.0　个人所得税总计(万元) 0.0
加工贸易进出口额(万美元) 0.0000　出口额(万美元) 0.0000　进口额(万美元) 0.0000
进料加工进出口额(万美元) 0.0000　出口额(万美元) 0.0000　进口额(万美元) 0.0000
来料加工进出口额(万美元) 0.0　出口额(万美元) 0.0　进口额(万美元) 0.0
加工贸易合同份数 0　进料加工合同份数 0　来料加工合同份数 0

进出口结售汇差额(万美元) 0.0　出口结汇额(万美元) 0.0　进口售汇额(万美元) 0.0
进料加工结售差额(万美元) 0.0　进料加工结汇(万美元) 0.0　进料加工售汇(万美元) 0.0
加工贸易转内销额(万美元) 0.0　内销补税额(万元，含利息) 0.0　来料加工(工缴费)(万美元) 0.0

内销原因(可多项选择) □国外市场方面 □国外企业方面 □国外法规调整 □国内市场方面 □国内企业方面 □国内法规调整 □客户 □产品质量

深加工结转总额(万美元) 0.0　转出额(万美元) 0.0　转进额(万美元) 0.0
本企业采购国产料件额 0.0 （不含深加工结转料件和出口后复进口的国产料件，单位万元）
国内上游配套企业家数 0　国内下游用户企业家数 0
直接出口订单来源(可多项选择) □A跨国公司统一采购 □B进口料件供应商 □C自有客户 □D其他客户

上年度加工贸易主要进口商品(可多项选择)
主要进口商品-大类 □初级产品 □工业制成品
主要进口商品-中类 □机电 □高新技术 □纺织品 □工业品 □农产品 □化工产品
主要进口商品-小类 □电子信息 □机械设备 □纺织服装 □鞋类 □旅行品、箱包 □玩具 □家具 □塑料制品 □金属制品 □其它 □化工产品
上年度加工贸易主要出口商品(可多项选择)
主要出口商品-大类 □初级产品 □工业制成品
主要出口商品-中类 □机电 □高新技术 □纺织品 □工业品 □农产品 □化工产品
主要出口商品-小类 □电子信息 □机械设备 □纺织服装 □鞋类 □旅行品、箱包 □玩具

图 2－6　加工贸易经营状况及生产能力证明

## （二）网上提交

根据自己企业的性质，选择好表格，比如，张某成立的沈阳市 A 有限公司为经营加工贸易企业，所以填表二，按照表格的要求填写，填写完毕后，确认内容准确无误，然后点击"提交"，提交成功后，第一步网上录入的工作就完成了。

## （三）申报资料的准备

办理生产能力证明应该提供的生产资料如下：

1. 进出口经营的企业需提供的资料。
（1）"加工贸易经营状况"（网上打印，在电子申报时应已填制好）。
（2）进出口企业资格证书。
（3）会计师事务所出具的企业上年度审计报告和提供的最新一期的验资报告。
（4）营业执照副本复印件。
（5）加工贸易企业上年度的生产能力证明原件（企业自行起草）。
（6）场地证明复印件（需加盖申请单位的公章）。

2. 有进出口经营权的生产型企业（含外商投资企业）需提供的资料。
（1）"加工贸易经营状况及生产能力证明"（网上打印，在电子申报时已填制好）。
（2）进出口企业资格证书。
（3）会计师事务所出具的企业上年度审计报告和提供最新一期验资报告。
（4）营业执照副本复印件。
（5）加工贸易企业上年度的生产能力证明原件（企业自行起草）。
（6）场地证明复印件（需加盖申请单位的公章）。

3. 无进出口经营权、承接委托加工贸易业务的企业需提供的资料。
（1）"加工贸易生产能力证明"。
（2）会计师事务所出具的企业上年度审计报告和提供的最新一期的企业验资报告。
（3）加工贸易企业上年度的生产能力证明原件（企业自行起草）。
（4）营业执照副本复印件。
（5）场地证明复印件（需加盖申请单位的公章）。
（6）组织机构代码证复印件。

## （四）"加工贸易生产能力证明"办理步骤

将准备好的资料送交外经贸局（或者商务部）加工贸易科，经审核同意后，将表格用 A4 纸双面打印出来并要求企业法人签字，盖企业公章后，再送回加工贸易科，盖章。这样加工贸易生产能力证明就办好了。

## （五）安装加工贸易系统，完善系统字库

1. 安装加工贸易系统：

（1）加工贸易 CA 证书（安全认证证书）的申领。

①登录加工贸易网 http：//gov.ec.com.cn/，点击网上申报，选择加工贸易企业网上申报系统，认真填写申领信息，提交后自动生成"加工贸易 CA 证书申领表"。

②提交审批材料至中国电子口岸数据中心。

"加工贸易 CA 证书申领表"、企业法人营业执照（副本）复印件、组织机构代码证（副本）复印件、办理人身份证复印件。

③工作时限：一般 7 天左右。

（2）加工贸易 CA 证书的导入。

第一步，点击安装程序，如图 2-7 所示：

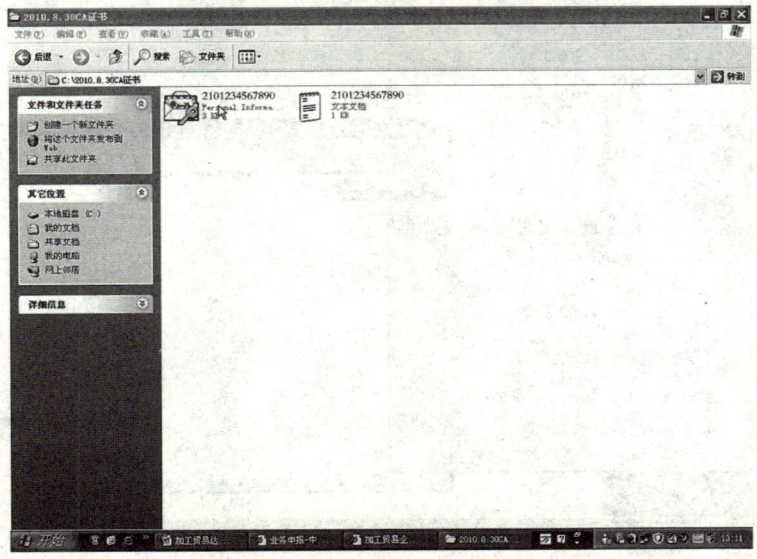

图 2-7

第二步，出现下图对话框，点击下一步，如图2-8所示：

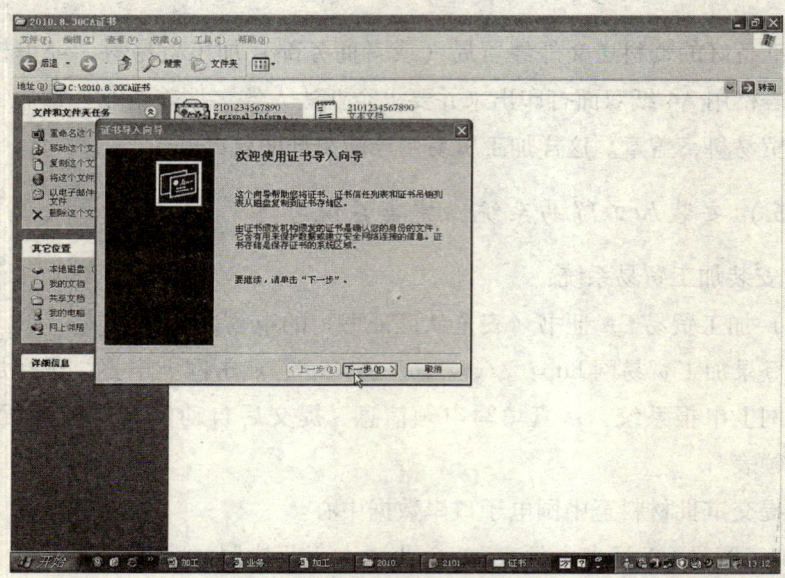

图2-8

第三步，要求输入导入密码，打开右边的文本文档，里面有所需密码，如图2-9所示：

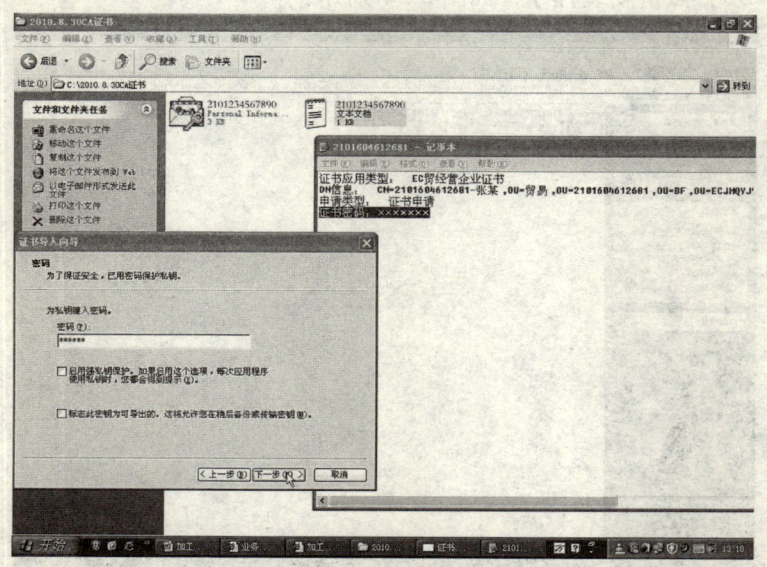

图2-9

第四步,要求选择证书存储区,不用改变安装程序的选择,直接按下一步,如图 2-10 所示:

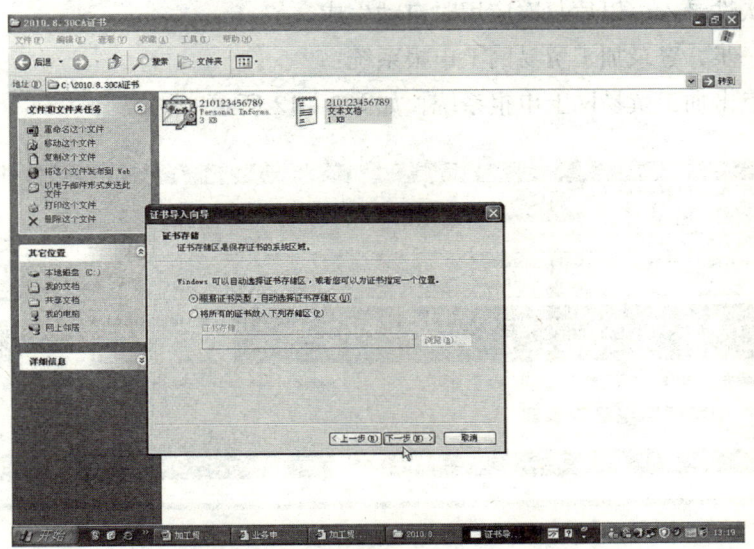

图 2-10

第五步,完成证书导入向导,点击完成即可。如图 2-11 所示:

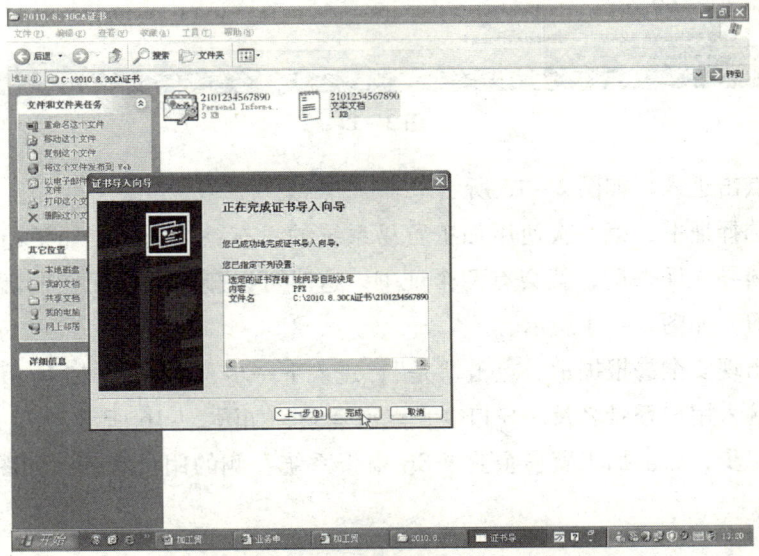

图 2-11

2. 完善系统数据库:

(1) 默认数据的填写,如公司名称、地址、联系人及电话等固定信息,可以一次性录入,以后每次应用时自动生成。

第一步,登录加工贸易网上申报系统:

①点击加工贸易网上申报系统,如图 2-12 所示。

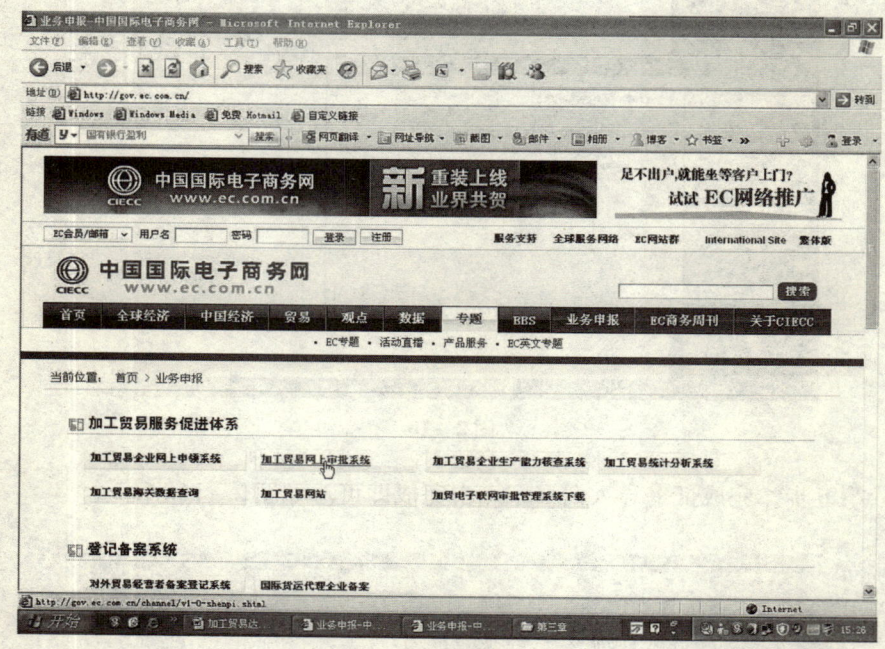

图 2-12

②点击进入,如图 2-13 所示。

③选择证书,第一次使用加工贸易系统的只有一个证书,如果超过有效期,重新导入证书后,就会有两个证书,这时可以删除之前无效的证书,也可以保留,如图 2-14 所示。

④出现安全警报提示,点击"是",进入下一步,如图 2-15 所示。

⑤输入用户登录名及用户口令,点击登录,如图 2-16 所示。

第二步,点击加工贸易企业 WEB 申报系统左侧的用户管理,如图 2-17 所示。

第二章　取得加工贸易的权利

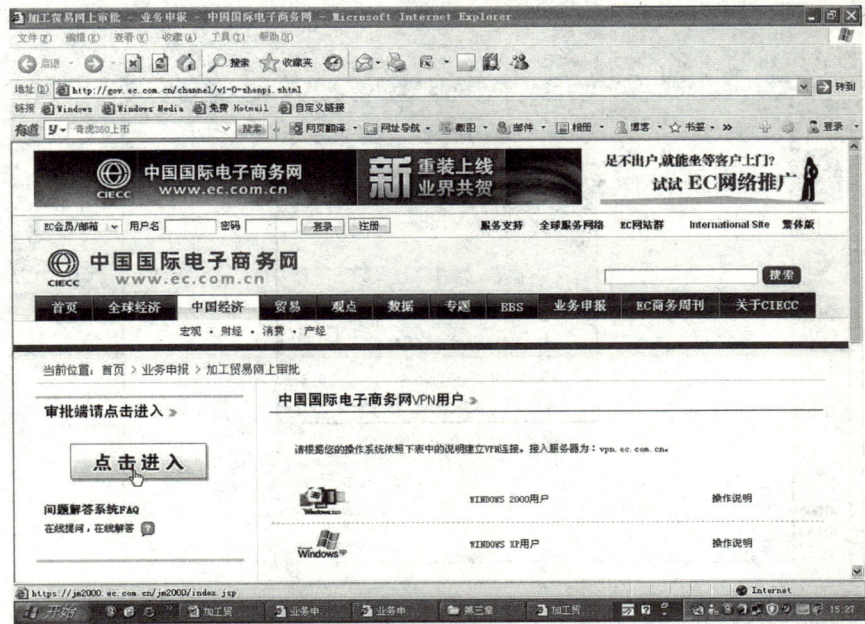

图 2-13

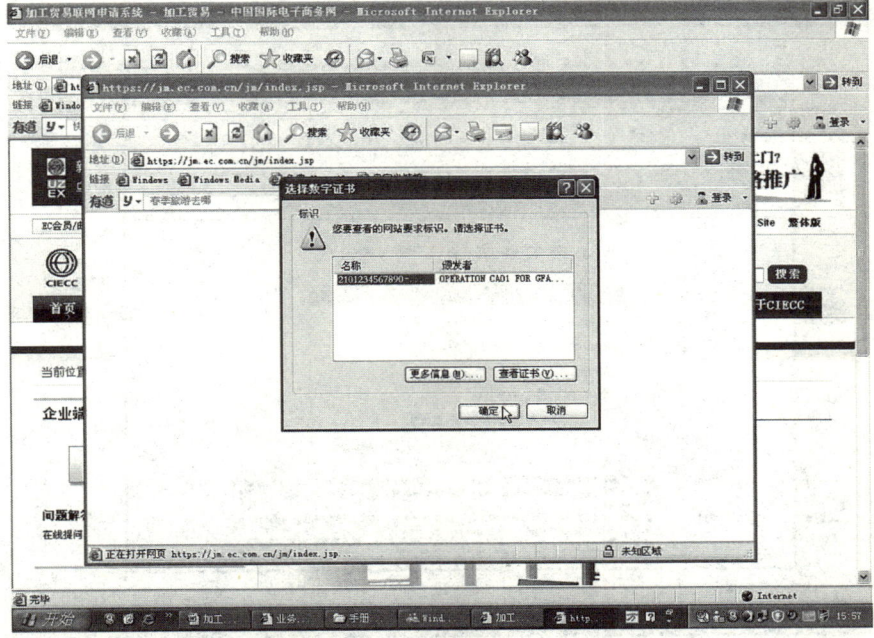

图 2-14

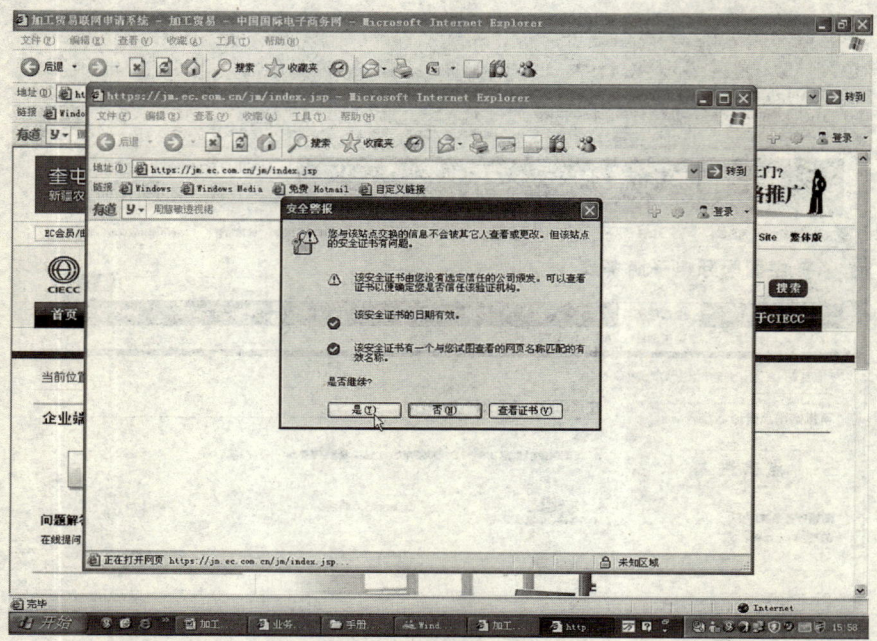

图 2–15

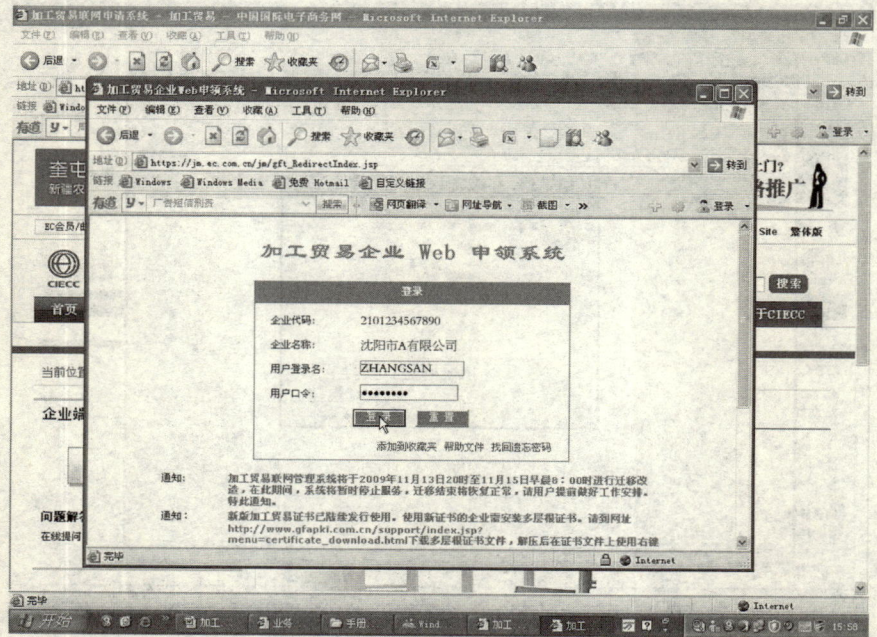

图 2–16

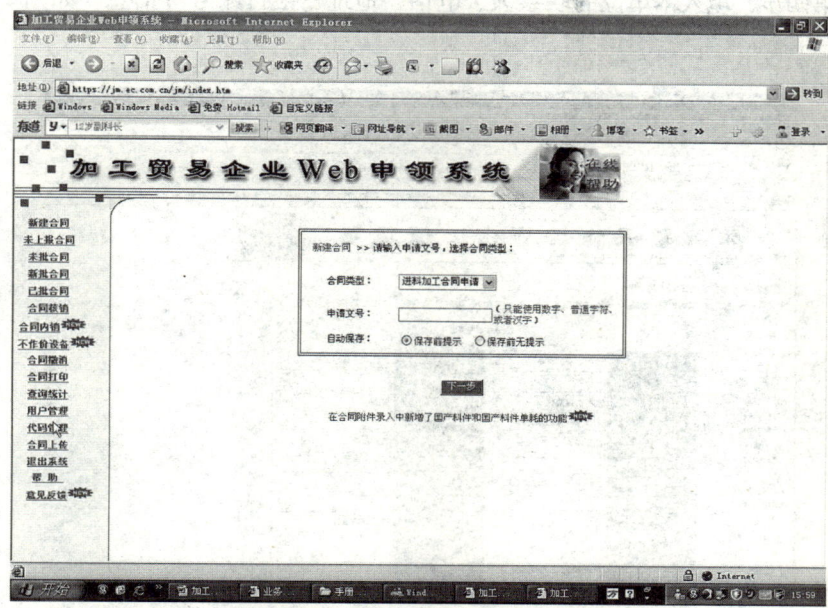

图 2-17

第三步,点击编辑,如图 2-18 所示。

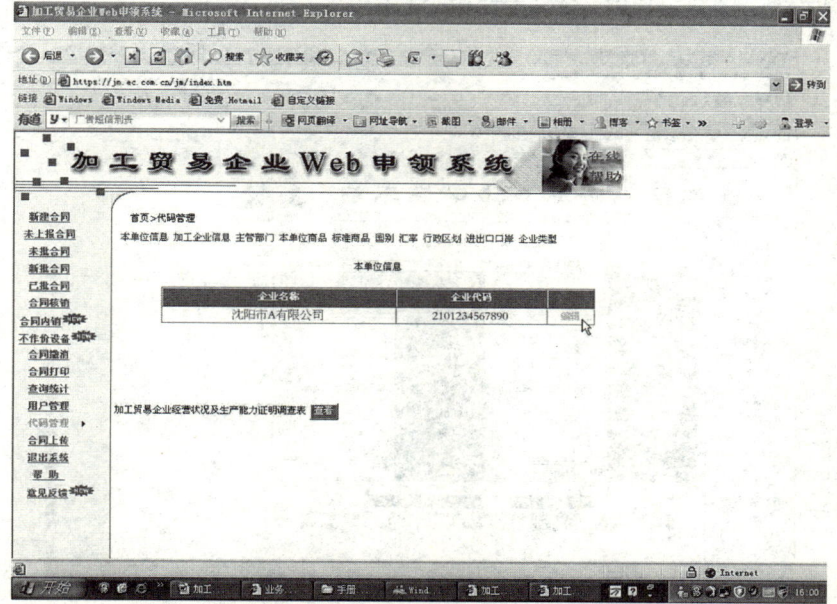

图 2-18

第四步,填入本单位的联系人、电话、地址、银行账号等信息,如图 2-19 所示。

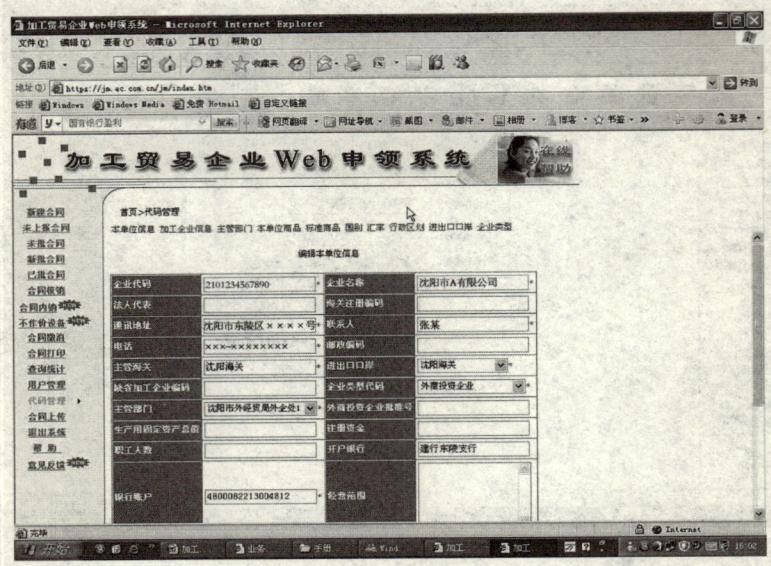

图 2-19

第五步,代码管理,填入企业代码,如图 2-20 所示。

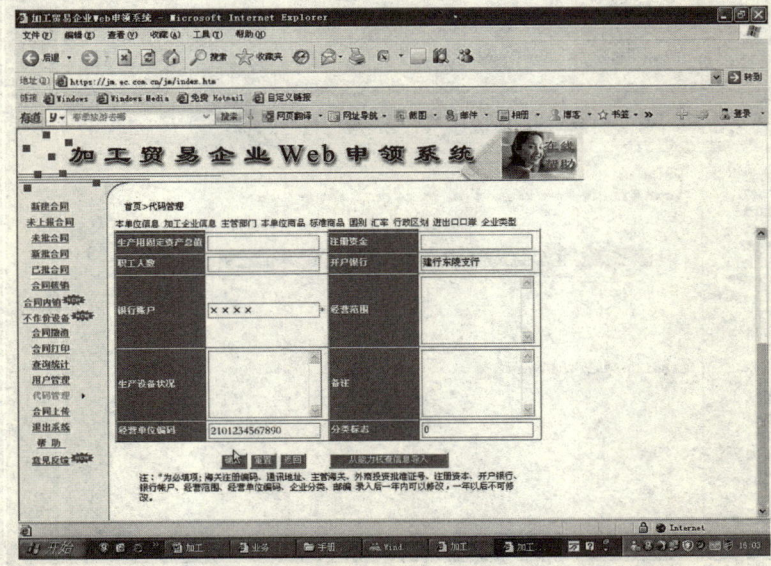

图 2-20

 **案例 2 - 2　进口料件、出口成品、海关编码管理**

常用的进口料件名称、出口成品、海关编码、计量单位等信息,可以事先存储于代码管理中,新办理手册时,只要输入海关编码,相关信息就能调出来,方便办理业务。如果不添加也不妨碍手册数据的录入。

我们想添加一个进口料件:中空玻璃,海关 H. S. 编码:7008010000,单位:片与添加公司默认信息一样,先登录加工贸易申领系统,然后点击左侧代码管理,在下面的界面中选择标准商品,如图 2 - 21 所示:

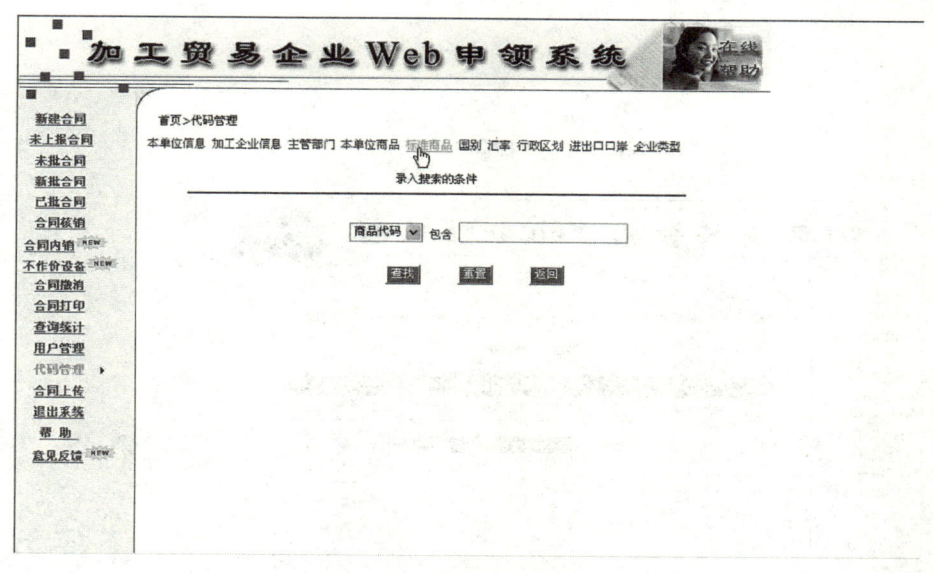

**图 2 - 21**

录入搜索条件,选择商品代码;也可以选择商品名称,但是基本搜索不到,因为海关税则中具体列名的商品较少,通常都是以商品代码来搜索。如图 2 - 22 所示,输入中空玻璃的商品代码 7008001000,点击查找。

这时搜索到的商品名称叫做中空或真空隔温、隔音玻璃组件,商品单位为千克,离我们要添加的内容还差一步,但是现在并不能编辑里面的内容,我们先暂时添加到本地,如图 2 - 23 所示。

但是在添加的过程中遇到了一个小麻烦,即出现了图 2 - 24 的情形。

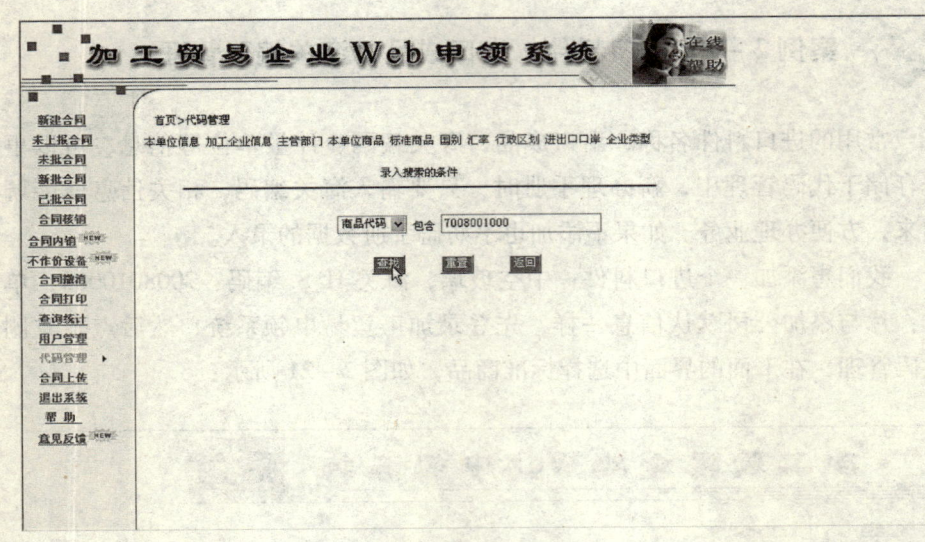

图 2-22

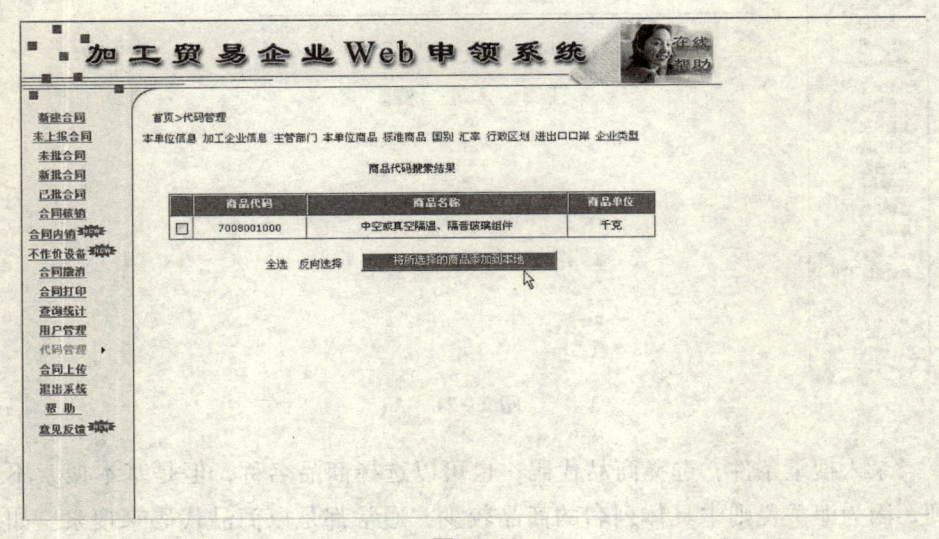

图 2-23

选择后,继续点击添加,提示提交成功,如图 2-25 所示。

这时点击本单位商品,选择所添加的内容,点击编辑,进行商品的编辑,按照自己所需要体现的内容编辑,如商品名称要体现:中空玻璃;计量单位要体现:片,如图 2-26、图 2-27 所示。

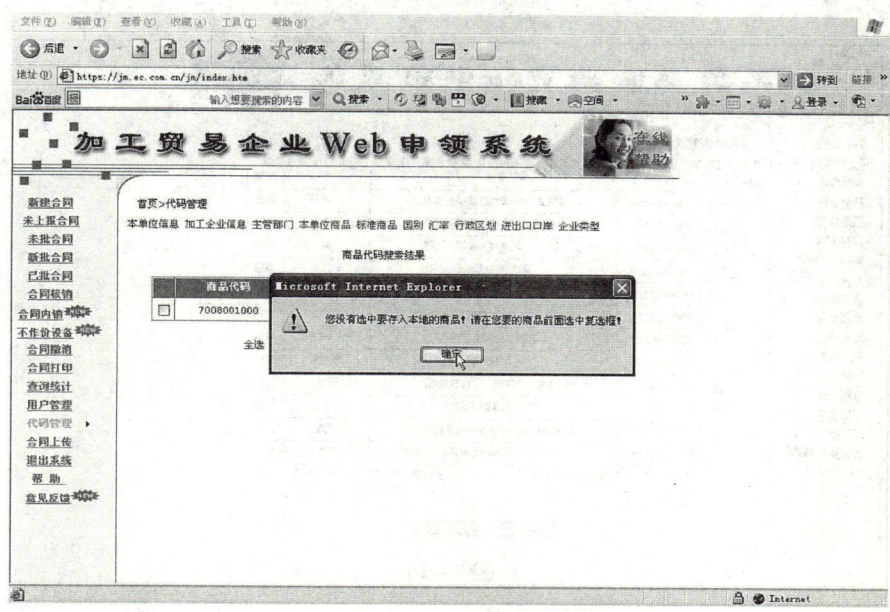

图 2-24

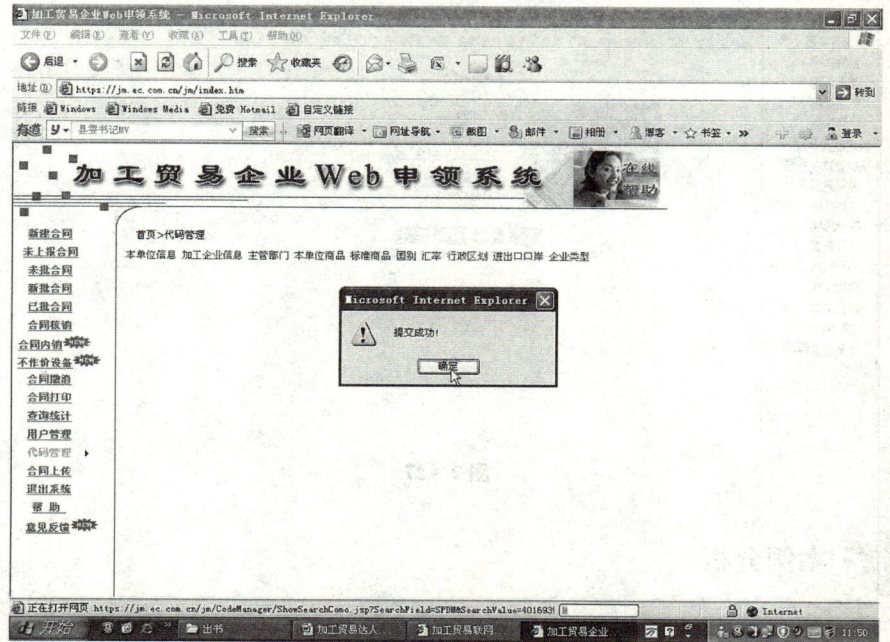

图 2-25

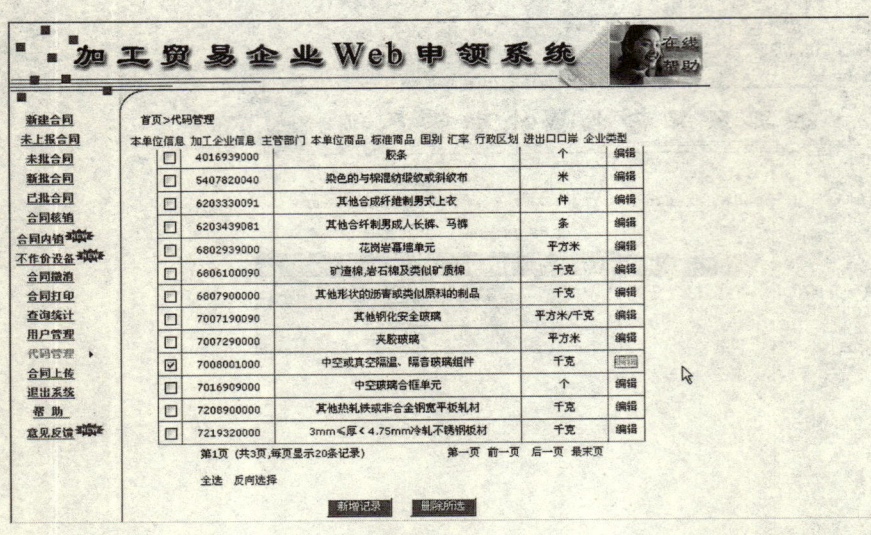

图 2-26

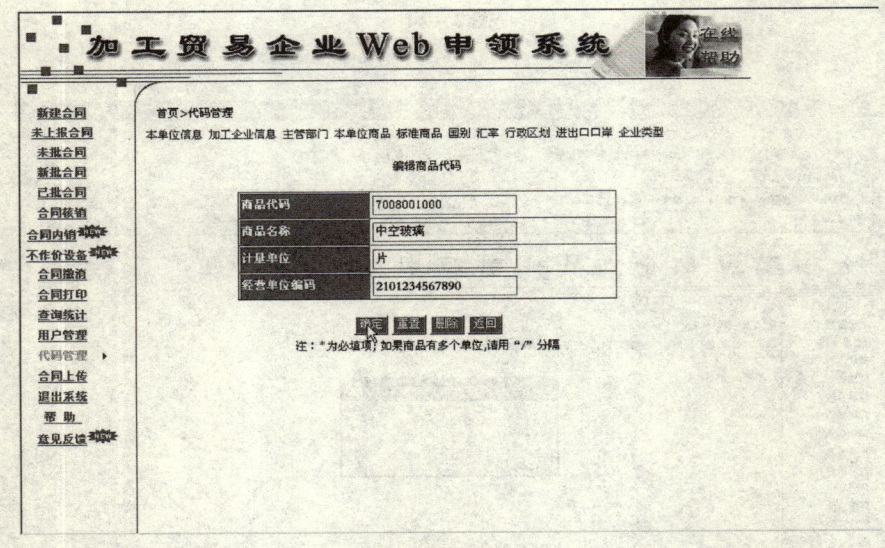

图 2-27

## 案例分析

一种商品录入完毕，可以继续录入下一种商品，也可以不录入，待实际办理手册时再直接录入，也就是说，本项内容不是必做程序。

另外，出口成品海关代码的录入也采取这种方式。在系统里录入时不用分进口料件还是出口成品，也就是进口料件和出口成品的海关编码统一储存在一个库里，当我们正式录入时，可以自动调出来。

尽管你现在已经在系统里提前录好了商品名称、计量单位、商品编码，当你实际要办理加工贸易手册时，也可以不用，可以根据实际需要更改其中的任何内容。

现在是万事俱备，只欠东风，一旦签订加工贸易合同，我们就可以办理加工贸易手册了。

# 第二编
# 深入了解加工贸易

加工贸易是一种贸易形式。海关为了更好、更有效地对加工贸易料件进行监管，就要求企业将与客户签订的合同内容及在实际生产中的消耗进行备案，备案的载体就是加工贸易手册。海关官方文件对加工贸易手册没有严格的定义。

从事加工贸易，要进行料件与成品的进出口，前提是必须获得加工贸易手册。那么，怎样才能获得加工贸易手册呢？

# 第三章　办理与使用加工贸易手册

## 第一节　加工贸易手册的种类

加工贸易手册的种类：

按加工贸易的种类，可将加工贸易手册分为进料加工贸易手册和来料加工贸易手册。

按合同金额是否超过 5000 美元，可分为主料手册和辅料手册。

每本加工贸易手册的内容在海关系统中都有统一的备案，都有自己的编号（即身份证号码），业内称之为手册号。进料加工手册的手册号是由 5 个号段组成的，共计 12 位。

1. 第一个号段是手册的海关代码，表示手册的性质，进料加工手册的海关代码是"C"，而来料加工手册的海关代码则是"B"，这是国家通用的代码。

2. 第二个号段是"关区号"（如沈阳海关的关区号为：0801）。

3. 第三个号段是年份的末位数（如 2012 年，就采用"2"）。

4. 第四个号段是企业的性质代码（如外商合资企业代码是"3"，外商独资企业代码是"4"）。

5. 第五个号段是海关的随机顺序编码，此号段由 5 位阿拉伯数字组成。

故此加工贸易手册的手册号为：加工贸易手册海关代码 + 海关关区号 + 年份的末位数 + 企业的性质代码 + 随机顺序编码。

比如，2012 年在沈阳关区办理的第一本进料加工贸易手册，那么手册号就是 C08012300001。

加工贸易手册按出具的形式及用途又可以分为纸质手册、电子化手册和电子账册。现多采用电子化手册。

纸质手册，是指加工贸易合同下的所有内容，以及加工贸易台账保证金等文件，都以书面的形式记录下来，并加盖海关印章，统一附加在加工贸易手册登记簿（海关购买）上，供清关、变更、核销等用。

1. 纸质加工贸易手册按照用途及产生的先后分类：

（1）加工贸易手册，即主册。它承载着本次加工贸易合同的所有信息，如进口料件、出口成品、单损耗、进出口口岸、原产国等货物信息以及合同甲乙双方的信息。可以用于手册中备案的所有口岸。

（2）加工贸易手册分册，是针对进出口口岸比较多，各地同时报关，只有一本主册周转不开的情况，而需要办理分册。通常一本分册海关只批一个口岸，只能在一个口岸使用。

（3）加工贸易手册续本，是针对合同中进口料件或者出口成品品种多，或者进出口次数和记录比较多，一本手册记不下所有记录，但是每次进出口时还必须在手册中记录的情况。海关允许企业办理续本，只供记录使用。

2. 使用纸质加工贸易手册的利弊：

（1）浪费时间。

料件进口、成品出口时必须向海关出示加工贸易手册，以供海关关员核查。这样就会牵制进出口，因为一个公司的进出口有时不可能完全在一个关区，周转起来很困难。另外，来回邮寄也很浪费时间。

（2）浪费能源。

所有的资料都必须用纸张打印出来，还必须附着在一个加工贸易登记本上，无形当中增加了成本。

（3）有利于企业核对进口料件与出口成品。

电子化手册是保税加工的主要监管模式之一，它是以合同管理为基础，实行电子身份，在加工贸易手册备案、通关、核销、结案等海关管理环节采取"电子化手册+自动核算"的模式，即所有合同中的货物信息都以电子的形式储存在海关的系统中，当执行、变更或核销加工贸易手册时，凭借加工贸易手册编号调取数据即可。手册办理关区与其他出口口岸的数据都是联网的。

3. 使用电子化手册的利弊：

（1）备案资料库备案是开展电子化手册业务的前提，电子化手册在海关计算机系统内的底账，包括备案资料库备案和通关手册两部分。其中，备案资料库以企业为单元建立，实行分段式备案，主要用于掌握加工贸易企业的生产经营总体状况。加工贸易企业在首本电子化手册备案前，应对加工贸易料件和成品按照《中华人民共和国海关进出口税则》等有关规定进行商品归类，并填制备案资料库的基本信息、料件和成品表向海关申请备案。海关予以审核并建立备案资料库。然后，企业以该资料库内的数据为基础进行电子手册备案。

（2）节省时间，方便快捷。

（3）降低丢失风险，安全性强。

4. 电子账册与电子化手册的区别：

（1）适用对象不同。电子化手册主要适用于信息化管理水平不是很高的中小型保税加工企业，电子账册主要适用于规模较大、信息化程度较高的保税加工企业和保税物流企业。

（2）适用区域不同。电子化手册只适用于海关特殊监管区域和保税监管场所以外的企业；电子账册既适用于海关特殊监管区域和保税监管场所以外的企业，也适用于海关特殊监管区域和保税监管场所以内的企业。

（3）管理思路不同。电子化手册体现"以合同为单元"的管理思路，电子账册体现"以企业为单元"的管理思路。

（4）海关监管方式不同。电子化手册区分来料加工手册和进料加工手册，电子账册则不区分。

 **技巧分享**

常见不适用电子化手册的情形有：一是海关特殊监管区域和保税监管场所以内的企业；二是加工贸易不作价设备手册；三是已经选择电子账册的企业，不可以同时开设电子化手册。

## 第二节 加工贸易手册的申办流程

### 一、进料与来料加工贸易手册的申办流程

由于进料加工贸易手册与来料加工贸易手册在办理流程上没有任何差别，只是在所需单据内容上有所区别，所以在讲述操作流程上不会把进料加工贸易和来料加工贸易分开来阐述，而是在遇到不同点时特别指出，这样更有利于大家区分进料加工与来料加工。

按照办理加工贸易手册受理部门的不同，将申办流程分为三个阶段：
第一，企业内部的准备阶段。
第二，外经贸局加工贸易批准证的审批阶段。
第三，海关保税科手册的审批阶段。

#### （一）企业内部的准备阶段

备案资料的准备工作，如表3-1所示。

表3-1 进料加工与来料加工所需单据对照表

| 手册种类 | 进料加工 | 来料加工 | 备注 |
|---|---|---|---|
| 需要准备的材料 | 进口采购合同（purchase contract） | 来料加工合同（supply contract） | 二者在内容上有一定的区别：进料加工的出口成品与客户结算的是货物总值，来料加工则结算的是工缴费（参考图3-1、图3-2及注释） |
| | 出口销售合同（sales contract） | | |
| | 进口料件组装细目 | 来料料件组装细目 | 此表只是方便下一步备案数据的录入，加工贸易审批不需提供。二者的差别就在于来料加工应该体现工缴费（参考表3-2） |

续表

| 手册种类 | 进料加工 | 来料加工 | 备 注 |
|---|---|---|---|
| 需要准备的材料 | 生产流程图 | 生产流程图 | 一般初次办理手册时要求提供,海关对熟悉的企业不会作要求,各企业有自己不同的流程图,不是千篇一律的,所以这里不举例 |

### PURCHASE CONTRACT
### 购 货 合 同

No：2011 - JM - 01
（合同号企业可自行编写）
Date：Dec. 1, 2011
（合同签订的日期,这个日期可以变通,要求并不严格,但这个日期必须在出口合同签订的日期之后）

THE BUYER：Shengyang A Co. , Ltd
买方： 沈阳市 A 有限公司
ADDRESS： No. ××× Dongling District Shengyang, China
地址： 中国沈阳市东陵区××××号
TEL（电话）：(86) 24 ×××××××
FAX（传真）：(86) 24 ×××××××

THE SELLER（卖方）： Malysia A Co. , Ltd.
（是与买方结算的公司,可以是与之签订出口合同的公司,也可以是其他的公司）
ADDRESS：××× Av. W Road, WA. 98004, Malysia
TEL（电话）：+6007 - ××× - ××××
FAX（传真）：+6007 - ××× - ××××

This contract is made by and between the Buyer and the Seller, whereby the Buyer agrees to buy and the Seller agrees to sell the under mentioned products according to the terms and conditions stipulated thereafter:

本合同由买卖双方订立，根据本合同的条款，买方同意购买，卖方同意出售下述商品：

1. DETAILED SPECIFICATIONS AND QUANTITIES, PLEASE SEE THE FOLLOWING LIST。详细规格、数量见下表。

| Description: | Quantity | Unit price US $ | Amount US $ |
|---|---|---|---|
| EPDM GASKETS T3 - 07959 | 10000    M | 0.50000/M | 5 000.00 |
| BOLT            T3 - 07947 | 10000    PCS | 0.2000/PC | 2 000.00 |
| NUT             T3 - 07991 | 20000    PCS | 0.10000/PC | 2 000.00 |
| Total US $: | | | 9 000.00 |
| SAY US DOLLAR NINE THOUSAND ONLY. | | | |

2. COUNTRY OF ORIGIN AND MANUFACTURERS

货物原产制造商

Malysia A Co., Ltd.

3. PACKING（包装）

To be packing in new strong and standard package, suitable for long distance transportation and well protected against tough handling, and corrosion. The Seller shall be liable for damage and loss of the commodity and expenses incurred on account of improper packing and for any corrosion attributable to inadequate or improper protective measures taken by the Seller and in such cases any and all losses and expenses incurred in consequence thereof shall be borne by the Seller.

使用新的坚固的标准包装箱，适于长途运输，保护货物防止因野蛮装卸、腐蚀而损坏。卖方应对由于不适当的包装和因卖方在不适当的保护措施产生的腐蚀或损坏和损失承担责任，并承担由此产生的一切费用和损失。

4. SHIPPING MARK（运输标记）

The Seller shall mark on the two adjacent sides of each package with fadeless painting the name of the consignee, the package number, measurement, Contract No., port of destination, and the wordings: "KEEP DRY", "HANDLE WITH CARE", "THIS SIDE UP".

卖方在包装箱的相邻两面应以不退色涂料标明收货人名称、包装号、尺寸、合同号、目的地港口和警告标志"防潮"、"小心轻放"、"此面向上"字样。

5. LATEST DATE OF SHIPMENT（最迟装运日期）

All the products must be shipped beforeDec. , 1, 2012

合同项下的所有货物于 2012 年 12 月 1 日前装船完毕。

（最迟装运期就是合同的有效期限。海关及外经贸局首批加工贸易手册以一年为限，所以要求企业签订合同时期限也是一年，不过这项要求不是很严格，可以变通。一般企业签订完合同没有那么快就开始执行，所以合同签订日期可以相应向后改动，这样最迟装运日期也可随之改动，为自己争取更多的有效时间。）

6. PORT OF SHIPMENT（装运港口）

Any Port of Malaysia（马来西亚任意港口）

7. PORT OF DESTINATION（目的港）

Tianjin and any port of China（天津港及中国其他港口）

（这样写是为了应付突发事件，有可能空运或快递等形式，如果只写一个港口，违背合同规定。）

8. TERMS OF PRICE（价格条款）

CIF Tianjin seaport or any port of China    CIF 中国天津港及其他港口

9. INSURANCE（保险条款）

Under CIF terms, insurance shall be effected by the Seller with the Buyer as the beneficiary for 110% of invoice value of the goods shipped against ALL RISKS

在 CIF 条件下，保险费由卖方承担，同时买方作为受益人，保险额为所运货物发票额的 110%，涵盖所有运输中的风险。

10. TERMS OF PAYMENT（支付条款）

T/T 电汇

（支付条款是双方协定的，不是千篇一律的。）

11. DOCUMENTS（单证）

（向外方要尽可能多的单据，以备报关及付汇时之用。）

The Seller shall present the following documents to the Buyer:

卖方应将下列单据提交给买方：

（1）Three original clean on board bill marked "freight prepaid（CIF）" Contract No. and shipping mark made out to order and blank endorsed, notifying the Buyer with typing its complete address and telephone number.

三套正本装船提单,表明"运费已付(CIF)"、合同号、装运标记,空白抬头和空白背书,打印有完整的买方地址和电话号码通知买方的空白背书。

(2) Invoice signed in 5 originals indicating Contract No. and the name of Buyer.

原始发票五份,注明合同号及买方名称。

(3) Packing list in 2 originals and 2 copies issued by the manufacturer with indication of net weight and gross weight of each kind of accessory and total shipping weight and number of invoice.

生产厂家出具的两份原始、两份复印装箱单,注明每种附件的净重、毛重和总发运重量,并注明发票号码。

(4) 3 originals of Manufacturer Certificate of Quality issued by the manufacturer signed the guarantee period shall be 10 years after the delivery.

三份生产厂家出具的标明10年质量保证期的质量证明。

(5) Insurance Certificate in 1 original and 2 copies covering 110% of invoice value against ALL RISK. The Buyer is the beneficiary.

一份原始及两份复印的按发票金额110%投保的保险单,受益人为买方。

12. SHIPMENT ADVICE (装运通知)

The Seller shall, within 5 days after the completion of the loading of the goods, advice by fax the Buyer of the Contract No., commodity, quantity, number of package, invoiced value, gross weight, name of vessel, date of sailing, bill of loading number and estimated date of arrival etc.

卖方在货物装载完成后5天内通过传真通知买方合同号、货物名称、数量、装箱数量、发票金额、毛重、船名、起航日期、提货单号及预计到达日期等。

13. TECHNICAL REQUIRE (技术要求)

All the hinges should be strictly meet with the requirement of related drawings and be the same as the samples which approved by buyer.

所有合页需符合图纸要求并与确认的样品一致。

14. GUARANTEE OF QUALITY (质量保证)

The Seller guarantees that commodity hereof is made of the best materials with first class workmanship, brand new and unused, and complies in all respects with the quality, performance stipulated in this contract and conforms to the technical manuals of the commodities contracted. The guarantee period shall be 10 years counting from the date on which the commodity was shipped. Terms and condition of the warranty shall be as per separate warranty agreement.

卖方必须保证货物采用上等材料制造、崭新且从未使用过,并在质量、性能等各方面与合同及合同中货物的技术手册的条款规定相一致。保质期为自货物装船之日起 10 年。相应保证条款见保证书。

（进口的料件不同，所需保质期不同，比如，建筑用材料比较经久耐用，所以保质期会长些，此规定取决于行业规范。）

15. INSPECTION AND CLAIM（检验与索赔）

（1）The manufacturer shall, before making delivery, make a precise and comprehensive inspection of the goods as regards the quality, specification, performance and quantity and issue certificates as required in Clause 10 certifying that the goods are in conformity with the stipulations of this Contract.

制造商必须在交货前全面、准确地检验货物的质量、规格、性能、数量和第 10 条所要求的证书，证明货物与合同要求的相一致。

（2）If a claim raised within specified in clause (2) above is denied by the Seller as unfounded, then any right of the Buyer based on such alleged defects shall expire, unless court action is taken within one month. If defects are claimed, the Buyer shall preserve the goods in the condition and status of the time at which the defects are discovered, and the Seller shall be allowed to inspect the goods.

如果在第二条规定条款范围内提出索赔而卖方否认发现的质量问题，那么，除非买方在一个月内采取法律行动，否则，任何基于此问题的权利都失效。提出索赔时，买方将保持货物发现时的状态并允许卖方到场检验。

（3）Where partial deliveries are defective, the Buyer shall have no claims with regard to those partial deliveries, which are not defective.

如果部分货物有质量问题，买方不应对无缺陷的部分提出索赔。

16. FORCE MAJEURE（不可抗力）

The Seller shall not be held responsible for the delay in shipment or non – delivery of the goods due to Force Majeure such as war, serious fire, flood, typhoon and earthquakes or other events agreed upon by both parties, which might occur during the process of manufacturing or in the course of manufacturing or in the course of loading. The Seller shall advise the Buyer immediately of the occurrence mentioned above and within 15 days thereafter, the Seller shall send by airmail to the Buyer for their acceptance a certificate of the accident issued by the Competent Authorities where the accident occurs as evidence thereof. Under such circumstances, the Seller, however, is still under the obligation to take all necessary measures to expedite the delivery of the goods. In case the accident lasts for more than 10 weeks, the Buyer shall have the right to cancel the contract.

如遇不可抗力,如战争、严重火灾、洪水、台风、地震或其他双方认可可能在制造运输过程中的事件,卖方将不承担运输延误或未能运输货物之责任。卖方应在上述事件发生后的 15 天内,将有关政府部门出具的事故证明书航空邮寄给买方。即使在这些情况下,卖方仍应加快货物的运输。如果不可抗力事故超出 10 周,买方有权终止合同。

17. LATE DELIVERY AND PENALTY(延期和罚款)

Should the Seller fail to make delivery on time as stipulated in the contract, with exception of Force Majecure causes specified in clause 16 of this contract, settlement can be reached by mutual agreement between the Buyer and the Seller.

如果卖方未能如本合同规定准时交货,除了本合同规定的第 16 条中的不可抗力因素外,争议由买卖双方协商解决。

18. EFFECTIVENESS OF CONTRACT(合同效力)

This contract shall come into force from the date of signature of this contract by both parties.

此合同自双方签订之日起生效。

19. TAXES AND DUTIES(税款及关税)

(1) All taxes in connection with the execution of this contract levied by Chinese Government shall be borne by the Buyer.

所有与合同执行有关的中国政府向买方征收的税款,应由买方承担。

(2) All taxes arising outside of China in connection with the execution of Contract shall be borne by the Buyer.

所有与合同执行有关的在中国境外的税款,应由卖方承担。

20. APPLICABLE LANGUAGE(适用语言)

In case of a discrepancy between the English and the Chinese text of this agreement, the English text shall be legally binding for both parties.

如果在本合同中英文和中文有分歧,双方均以英文文本为准。

THE BUYER: Shenyang A Co., Ltd

买方: 沈阳市 A 有限公司

THE SELLER(卖方): Malysia A Co., Ltd.

图 3-1 进料加工贸易进口采购合同

# THE CONTRACT

Contract No.: 2011 – JM – E                              Date: Nov. 01, 2011

（自行编写。）

（合同实际签订日期，但进料对口合同通常的出口销售合同签订日期要在采购合同日期之前。）

BUYER: America H Co., Ltd.
买方： 美国H公司
ADDRESS: 1155 Av. W Road, WA 90084, U.S.A.
TEL（电话）：+01 -3 - ×××× - ××××
FAX（传真）：+01 -3 - ×××× - ××××
SELLER: Shenyang A Co., Ltd
卖方： 沈阳市A有限公司
ADDRESS: No. ×××× Dongling District Shenyang, China
地址： 中国沈阳市东陵区××××号
TEL（电话）：+86 -24 - ×××× - ××××
FAX（传真）：+86 -24 - ×××× - ××××

This contract is made by and between the Buyer and the Seller, whereby the Buyer agrees to buy and the Seller agrees to sell the under mentioned products according to the terms and conditions stipulated thereafter:

本合同由买卖双方订立，根据本合同的条款，买方同意购买，卖方同意出售下述商品：

1. DETAILED SPECIFICATIONS AND QUANTITIES, PLEASE SEE THE FOLLOWING LIST（详细规格、数量见下表）

| Description: ALUMINUM CURTAIN WALL UNITS | Quantity: PCS | Unit price US $/PC | Amount US $ |
| --- | --- | --- | --- |
| ALUNINUM CURTAIN WALL UNITS A | 950 | 2 000.00 | 1 900 000.00 |
| ALUNINUM CURTAIN WALL UNITS B | 500 | 1 000.00 | 500 000.00 |
| TATAL: | 1 450 | Term: C&F | 2 400 000.00 |

2. The loading port（起运港）
Tianjin or other Chinese Port（天津或其他中国口岸）

3. The port of destination（目的港）

SEATTLE, U. S. A.（美国，西雅图）

（写上其他口岸是为了避免突发事件，需要空运或快递，会在其他口岸出口。）

4. PACKING（包装）

To be packing in new strong and standard package, suitable for long distance transportation and well protected against tough handling, and corrosion. The Seller shall be liable for damage and loss of the commodity and expenses incurred on account of improper packing and for any corrosion attributable to inadequate or improper protective measures taken by the Seller, and in such cases any and all losses and expenses incurred in consequence thereof shall be borne by the Seller.

使用新的坚固的标准包装箱，适于长途运输，保护货物防止因野蛮装卸、腐蚀而损坏。卖方应对由于不适当的包装和因卖方不适当的保护措施产生的腐蚀或损坏和损失承担责任，并承担由此产生的一切费用和损失。

5. SHIPPING MARK（运输标记）

The Seller shall mark on the two adjacent sides of each package with fadeless painting the name of the consignee, the package number, measurement, Contract No., port of destination, and the wordings:"KEEP DRY","HANDLE WITH CARE","THIS SIDE UP".

卖方在包装箱的相邻二面应以不退色涂料标明收货人名称、包装号、尺寸和合同号。目的地港口和警告标识"防潮"、"小心轻放"、"此面向上"字样。

6. LATEST DATE OF SHIPMENT（最迟装运日期）

All the products must be shipped before Dec. 01, 2012

合同项下的所有货物于2012年12月1日前装船完毕。

（通常这个日期要和采购合同的最迟装运期相一致。这点外经贸局与海关会重点审核，但是进出口一致，而且在一年之内是完全没有问题的。）

7. INSURANCE（保险条款）

Under C&F terms, insurance shall be effected by the buyer with the Buyer as the Beneficiary for 110% of invoice value of the goods shipped against ALL RISKS

在C&F条件下，保险费由买方承担，同时买方作为受益人，保险额为所运货物发票额的110%，涵盖所有运输中的风险。

（成交方式是双方协定达成，无固定模式。）

8. TERMS OF PAYMENT（支付条款）

L/C 信用证

支付条款也是双方协定的，无固定模式。

9. DOCUMENTS（单证）

（单证原则上要与信用证上所规定的单证要求相一致，但是海关及外经贸局一般对这项内容不作重点审核。）

The Seller shall present the following documents to the Buyer:

卖方应将下列单据提交给买方：

（1）Three original clean on board bill marked "freight prepaid（C&F）" Contract No. and shipping mark made out to order and blank endorsed, notifying the Buyer with typing its complete address and telephone number.

三套正本装船提单，表明"运费已付（C&F）"、合同号、装运标记，空白抬头和空白背书，打印有完整的买方地址和电话号码通知买方的空白背书。

（2）Invoice signed in 5 originals indicating Contract No. and the name of Buyer.

原始发票五份，注明合同号及买方名称。

（3）Packing list in 2 originals and 2 copies issued by the manufacturer with indication of net weight and gross weight of each kind of accessory and total shipping weight and number of invoice.

生产厂家出具的两份原始、两份复印装箱单，注明每种附件的净重、毛重和总发运重量，并注明发票号码。

10. SHIPMENT ADVICE（装运通知）

The Seller shall, within 5 days after the completion of the loading of the goods, advice by fax the Buyer of the Contract No., commodity, quantity, number of package, invoiced value, gross weight, name of vessel, date of sailing, bill of loading number and estimated date of arrival etc.

卖方在货物装载完成后5天内通过传真通知买方合同号、货物名称、数量、装箱数量、发票金额、毛重、船名、起航日期、提货单号及预计到达日期等。

11. GUARANTEE OF QUALITY（质量保证）

The Seller guarantees that commodity hereof is made of the best materials with first class workmanship, brand new and unused, and complies in all respects with the quality, performance stipulated in this contract and conforms to the technical manuals of the commodities contracted. The guarantee period shall be 10 years counting from the date on which the commodity was shipped. Terms and condition of the warranty shall be as per separate warranty agreement.

卖方必须保证货物采用上等材料制造、崭新且从未使用过，并在质量、性能等各方面与合同及合同中货物的技术手册的条款规定相一致。保质期自货物装船之日起10年。相应的保证条款见保证书。

12. INSPECTION AND CLAIM（检验与索赔）

The manufacturer shall, before making delivery, make a precise and comprehensive inspection of the goods as regards the quality, specification, performance and quantity and issue certificates as required in Clause 9 certifying that the goods are in conformity with the stipulations of this Contract.

制造商必须在交货前全面、准确地检验货物的质量、规格、性能、数量和第 9 条要求的证书，证明货物与合同要求的相一致。

13. EFFECTIVENESS OF CONTRACT（合同效力）

This contract shall come into force from the date of signature of this contract by both parties.

此合同自双方签订之日起生效。

BUYER： America H Co., Ltd.

（买方： 美国 H 公司）

SELLER： Shenyang A Co., Ltd

（卖方： 沈阳市 A 有限公司）

图 3-2　进料加工贸易出口销售合同

表 3-2　进口料件组装细目表

| 序号 | 出口成品 | 1450 个单元 | 单位 | 单元 A | 单元 B | | 净耗 | 损耗 | 备案进口数量 | 实际进口数量 |
| | 进口料件 | 规格 | | 950 | 500 | | | | | |
| --- | --- | --- | --- | --- | --- | --- | --- | --- | --- | --- |
| 1 | 胶条 2428 | T3-07959 | 米 | 10 | 0 | | 9 500 | 0.050 00 | 10 000 | 10 000 |
| 2 | 螺栓 | T3-07947 | 个 | | 20 | | 10 000 | 0.000 00 | 10 000 | 10 000 |
| 3 | 螺母 | T3-07991 | 个 | | 40 | | 20 000 | 0.000 00 | 20 000 | 20 000 |

注释："加工费"项只有来料加工需要填写，进料加工不需要填写此项。

技巧分享

1. 一般海关不接受企业所签订的正式合同，因为各企业签订的合同多数是以一种语言形式起草的，而海关则要求企业所提供的合同是中英文对照的。

2. 有的企业在签订出口销售合同和进口采购合同时对商品品名描述得并不是很详细,只是笼统说一下××成品及××成品的材料等。而外经贸局和海关则要求必须有详细的商品名称及单价、总价,这样,我们只好做一个形式合同了。

3. 要了解外经贸局与海关主要监管进口料件、出口成品及加工费,对于合同的其他内容要求并不严格,所以我们提供给海关的加工贸易合同可以是形式合同。对于海关所关心的内容应描述清楚,合同格式说得过去即可。

4. 加工贸易手册备案又称合同备案。

5. 何时准备合同备案资料呢?一个已经从事过加工贸易业务的企业,而且单据齐全、准确无误,海关的系统一切正常,相关审批办事人员无离岗现象,整个过程完成需要4~7个工作日,即外经贸局审批加工贸易批准证需要1~2个工作日,海关完成合同备案的审批需要3~5个工作日。

如果一个新企业第一次办理加工贸易手册,外经贸局及海关都要验厂,这样就需要一两个月的时间,甚至更长的时间。

因此,建议已从事加工贸易的企业在进口货物靠进口港前一个月开始准备备案手续;而新办企业最好在货物靠港前两个月就开始准备备案手续,以免耽误进口业务,增加不必要的费用支出。

6. 进料进口合同的签订日期要在出口合同的签订日期之后。

7. 合同中的商品名称及描述一定要和国外供应商所开具的发票一致,以免以后在进口过程中导致单单不符,影响通关速度。这个问题可以在备案时与国外供应商沟通好,要其严格按照合同中所描述的商品名称制作商务发票。

8. 加工贸易合同首次在海关备案有效期限仅为一年,如果超出一年期限,只能重新续签合同,再申请加工贸易手册延期,所以合同中货物的最迟装运日距合同的签订日不得超出一年。如果超出一年期限,外经贸局的审批就不会通过。一般情况下,为避免意外事情的发生,即使我们签订的合同执行期不足365天,也要申请365天。为了避免合同签订好后,设计图纸不能确定,备案数据提供不出来,这样就浪费了备案时间,导致加工贸易合同的备案期限缩短。我们可以把形式合同的签订日期后延一下,形式上争得一年的时间。

单耗,是指加工贸易企业在正常加工条件下,加工单位成品所耗用的料件量。单耗包括净耗和工艺损耗。

单耗 = 净耗 + 工艺损耗

单耗标准，是指供通用或者重复使用的加工贸易单位成品耗料量的准则。单耗标准设定最高上限值，其中出口应税成品单耗标准增设最低下限值。

净耗，是指在加工后，料件通过物理变化或者化学反应存在或者转化到单位成品中的量。

工艺损耗，是指因加工工艺原因，料件在正常加工过程中除净耗外所必需耗用，但不能存在或者转化到成品中的量，包括有形损耗和无形损耗。

工艺损耗率，是指工艺损耗占所耗用料件的百分比。

单耗 = 净耗 / (1 - 工艺损耗率)

## 案例 3-1　无形损耗

一本加工贸易手册，进口料件铝型材、防锈漆，出口成品铝框。

加工流程是，铝型材经过加工后，需要喷涂一层防锈漆。

单损耗对应情况：一铝框喷涂前重 0.5 千克，喷涂后重 0.7 千克，油漆实际耗用量为 0.3 千克。加工操作正常，没有失误等现象。

## 案例分析

上面的例子表明直接物化在铝框上的油漆只有 0.2 千克，而且特别交代正常操作，没有失误现象，但是另外那 0.1 千克的油漆在加工过程却不见了。那么这 0.1 千克的油漆就是工艺损耗，而那 0.2 千克的油漆就为净耗。

喷涂铝棒的单耗 = 0.2 + 0.1 = 0.3，工艺损耗率 = (0.2 ÷ 0.3) × 100% ≈ 66%。此过程中，油漆的损耗就是无形损耗。

这里强调正常操作的原因是，如果因为自身操作失误，而导致的浪费是需补缴关税及进口增值税的。

## 案例 3-2　有形损耗

手册进口料件为布料，出口成品为裤子，进了 10 米布，做了 9 条裤子，还剩 1 米料头。

 **案例分析**

上面的例子表明在正常的加工过程中，1米的料头不能出现在出口成品裤子当中，但是其依然存在，那么这1米即为有形的工艺损耗。因为9条裤子的工艺损耗是1米，那么平均每条裤子的工艺损耗约为0.11米。

裤子的单耗 = 1 ÷ (1 - 11%) ≈ 1.12

 **技巧分享**

1. 计量单位是个、支等可数的计量单位，工艺损耗视为0，则单耗 = 净耗。

2. 对于单耗，工艺损耗是实际生产中总结出来的，不是凭空想象出来的，也不是算出来的。但是为了适应外经贸局与海关电子系统的要求，有一个检测公式：

单耗 = 进口料件（1 - 损耗率）÷ 出口成品

这里所指的损耗率，是指生产过程中消耗材料的损耗率，即（净耗用量 ÷ 总耗用量）×100%

3. 海关总署第155号令《中华人民共和国海关加工贸易单耗管理办法》第16条规定下列情况不列入工艺损耗范围：

（1）因突发停电、停水、停气或者其他人为原因造成保税料件、半成品、成品的损耗。

（2）因丢失、破损等原因造成的保税料件、半成品、成品的损耗。

（3）因不可抗力造成保税料件、半成品、成品灭失、损毁或者短少的损耗。

（4）因进口保税料件和出口成品的品质、规格不符合合同要求，造成用料量增加的损耗。

（5）因工艺性配料所用的非保税料件所产生的损耗。

（6）加工过程中消耗性材料的损耗。

4. 在理论数据上必须保证进口料件在生产过程中完全耗尽，如果有余料即业内术语"料件与出口成品不平"，外经贸局是不会通过加工贸易批准证申请的。所以，我们在准备数据时就要考虑到这一点。

关于单耗、损耗及单耗标准等的相关规定可参考以下网址：http：//

www.customs.gov.cn/publish/portal0/tab3889/info54788.htm。

备案的数据都已经准备得准确无误了,下面要开始申办流程的第二个程序一加工贸易网的录入。

(二)加工贸易网的录入

1. 登录加工贸易网。

(1)登录加工贸易网,点击 IE 浏览器,输入加工贸易网址,点击进入。如图 3-3 所示,加工贸易系统的进入。

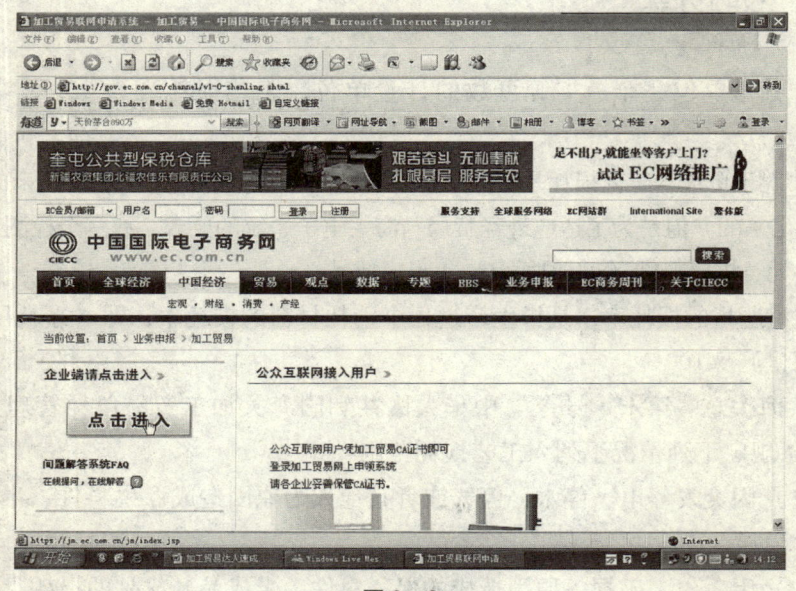

图 3-3

(2)选择证书后,点击确定,进入下一个界面。如图 3-4 所示,证书的选定。

(3)当选择证书进入下一步时,会出现一个安全警报对话框,不用担心,点击"是",进行下一步。如图 3-5 所示,继续进行。

(4)输入用户登录名及用户口令。如图 3-6 所示,登录名及口令的输入。

2. 新建进料加工贸易合同。

(1)点击新建合同,在申请文号一栏中填写自编号码(自行编写,最好方便记忆)。如图 3-7 所示,申请文号的编写。

第三章 办理与使用加工贸易手册 | 69

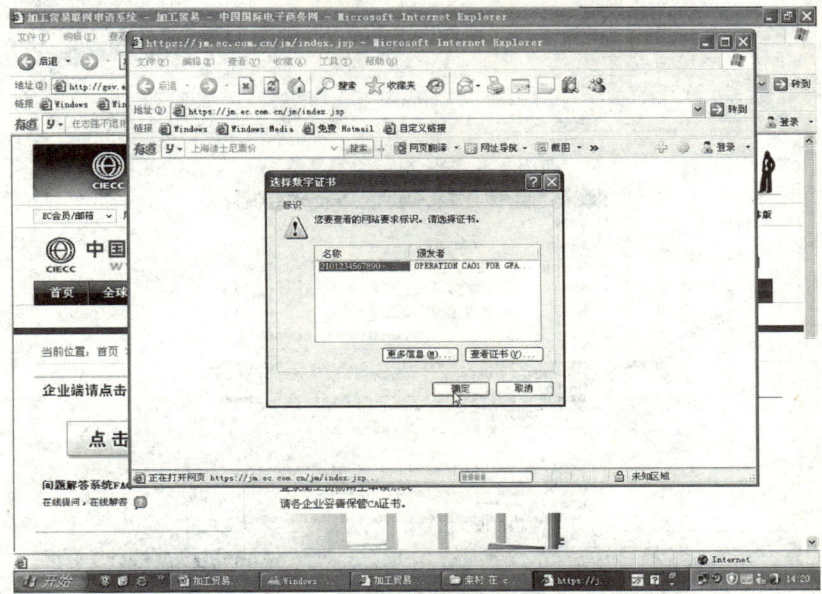

图 3-4

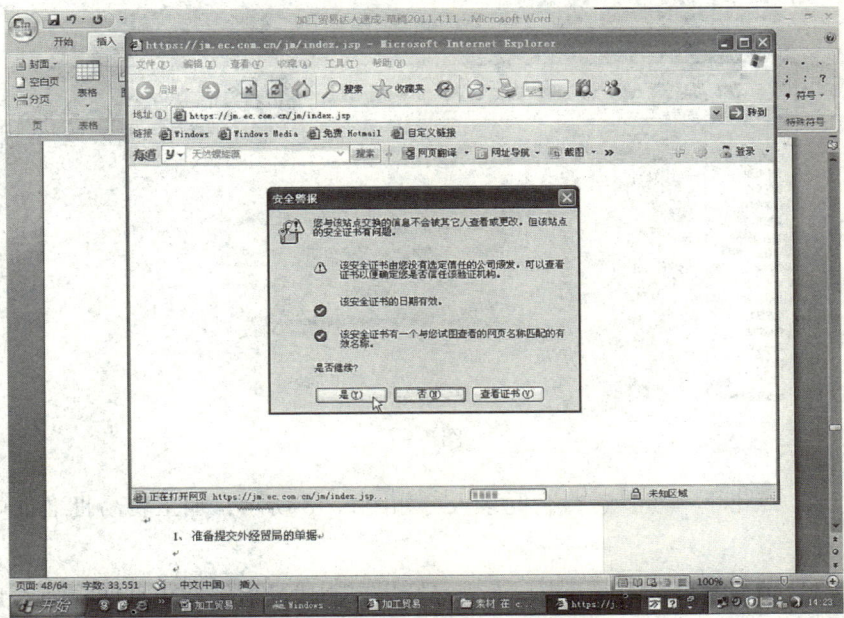

图 3-5

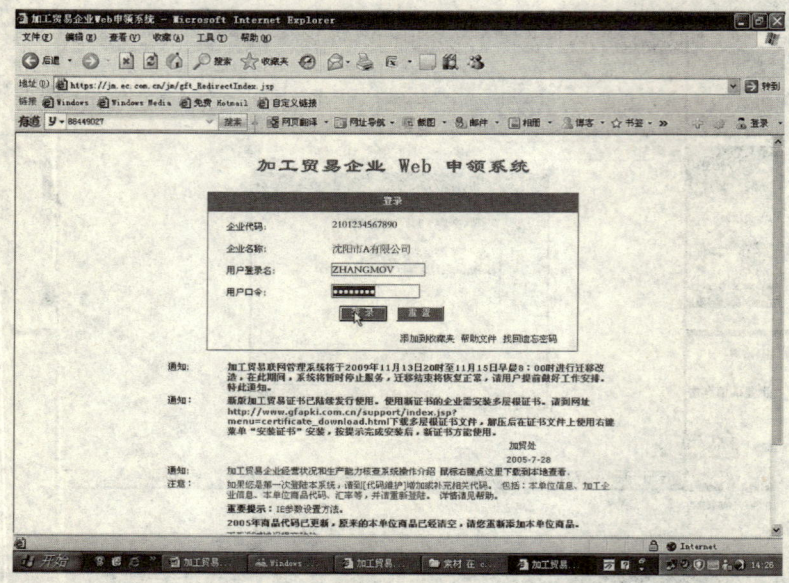

图 3-6

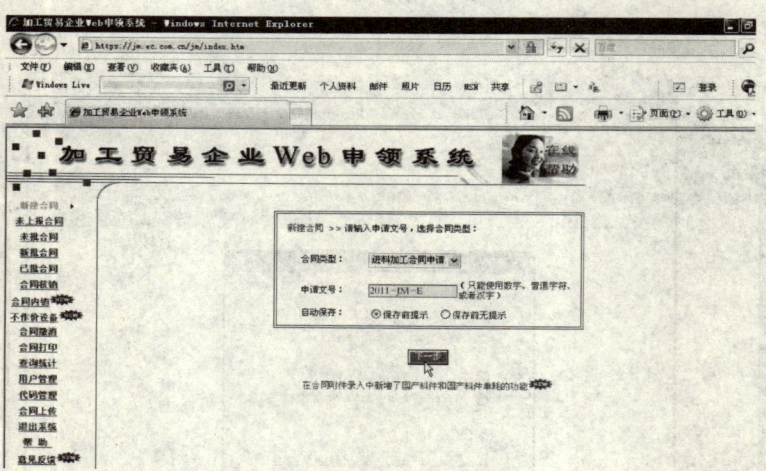

图 3-7

（2）点击下一步，进行合同录入。如图 3-8 所示，加工贸易批准证申请的进入。

（3）填写进口合同号、出口合同号及出口制成品返销截止日期（通常是在录入时间的基础上加一年，这个时间与进出口合同中的最迟装运期相同），并在声明第一条前边打"√"。如图 3-9 所示，进出口合同及返销截止日期的录入。

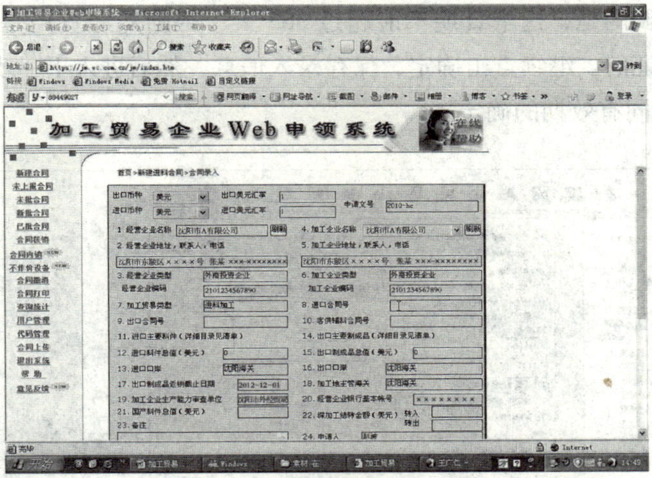

图 3-8

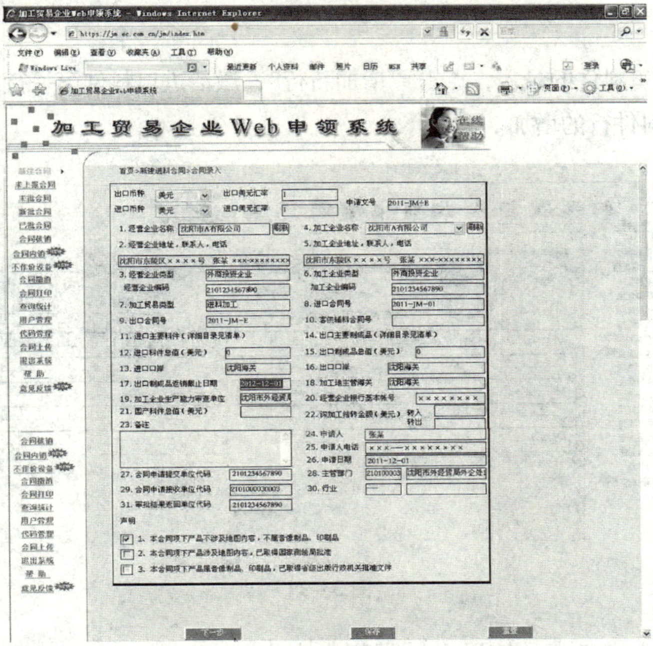

图 3-9

(4) 当合同内容全部录入完毕后,点击下一步时,系统会自动弹出一个警示对话框,提示您录入的合同的有效期,这个与您填写的出口制成品返销截止日期有关,不需要理会。

需要强调的是,这个日期不能超过 365 天,否则外经贸局是不会批准加工贸易批准证的。继续点击确定,保存录入信息,然后进入下一步。如图 3-10 所示,合同有效期的确定。

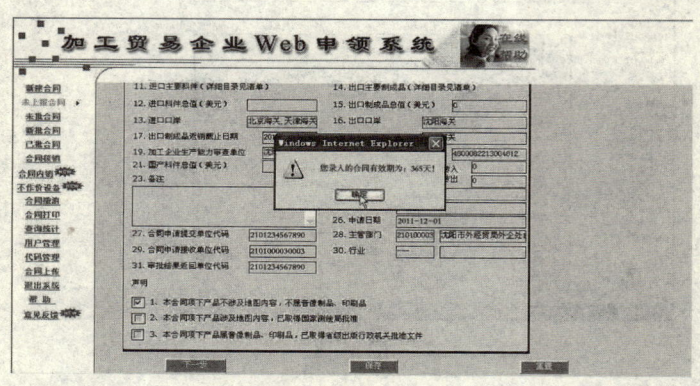

图 3-10

(5)进口料件的录入,点击"增加新行",激活进口料件第一行。如图 3-11 所示,进口料件行的增加。

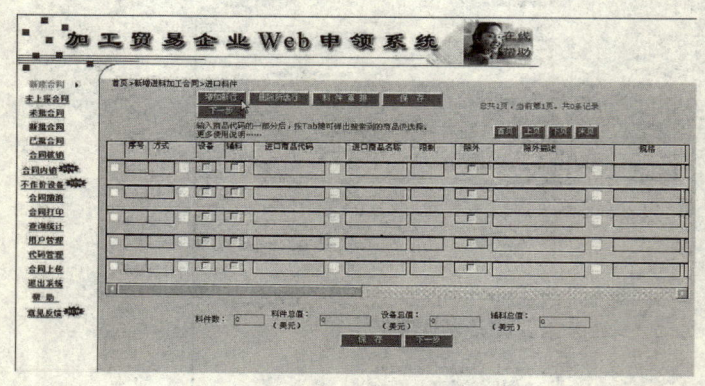

图 3-11

(6)输入进口商品编码(数据库中有事先备好的,可以选用,如果没有就自行填写)。如图 3-12 所示,商品编码的录入。

(7)输入进口商品名称及规格(数据库中有事先备好的,可以选用,如果没有就自行填写。对于规格,海关一般都要求填写,如果没有规格可以空缺)。如图 3-13 所示,商品名称及规格的录入。

第三章 办理与使用加工贸易手册 | 73

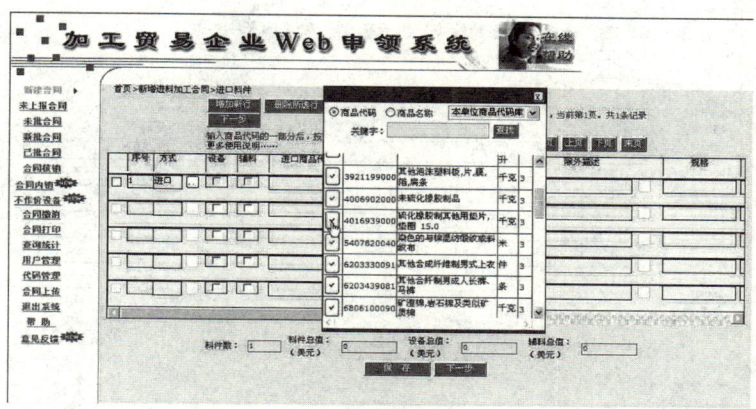

图 3-12

图 3-13

（8）输入进口料件的详细信息，即数量、单位、原币币别、原币金额、进口国、进口口岸（注：单价、折美元、原产国不需填写，系统根据您所填写的信息自动生成。但是进口口岸应尽可能多地填写，因为有时尽管合同中规定了进口口岸，但是由于时间紧迫，供应商采取了空运或者快递的形式，这样口岸就肯定不是海运的口岸了）。如图3-14所示，商品信息的录入。

（9）依据上述做法，录齐所有进口数据，然后保存，点击"下一步"（特别提醒，为了避免数据丢失，最好随时保存），如图3-15所示。

（10）出口成品的录入，依然需要点击"增加新行"。如图3-16所示，出口成品行的增加。

（11）录入出口制成品的信息（一般规格、数量、单位、金额、消费国、

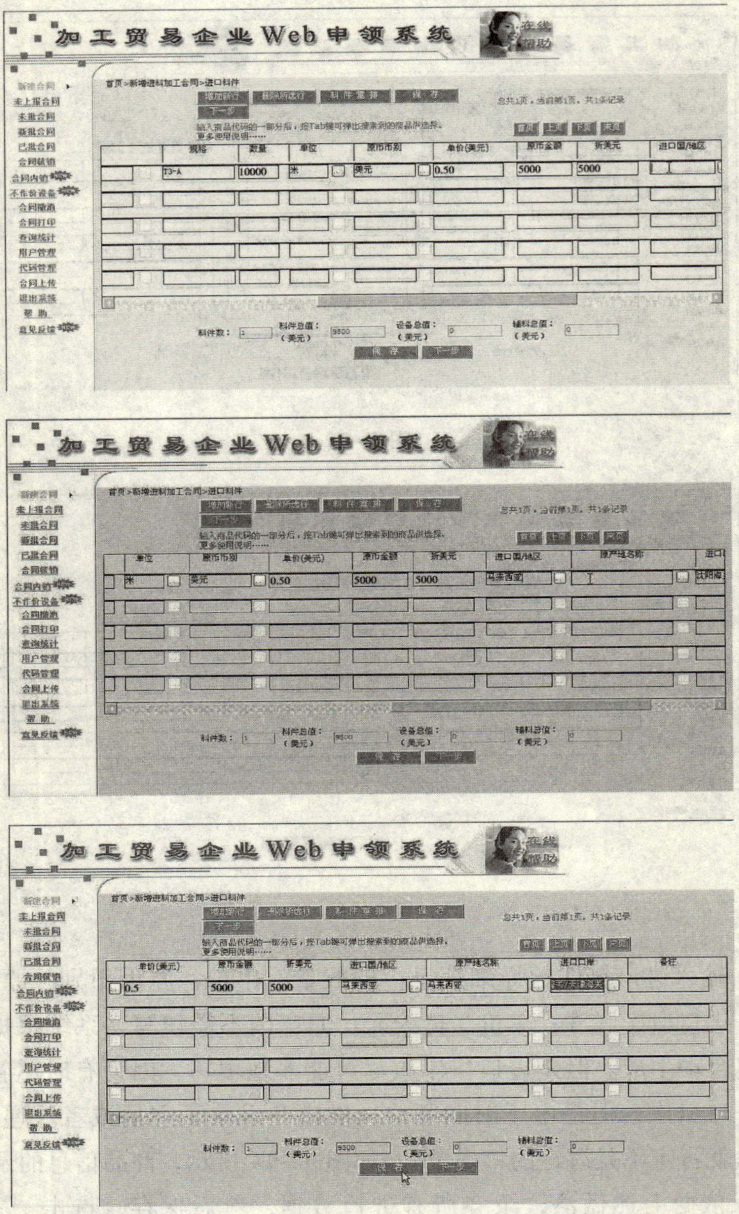

图 3-14

出口口岸都必须填写，单价、出口国系统根据所填写的数据自动生成）。如图 3-17 所示，出口成品相关信息的录入。

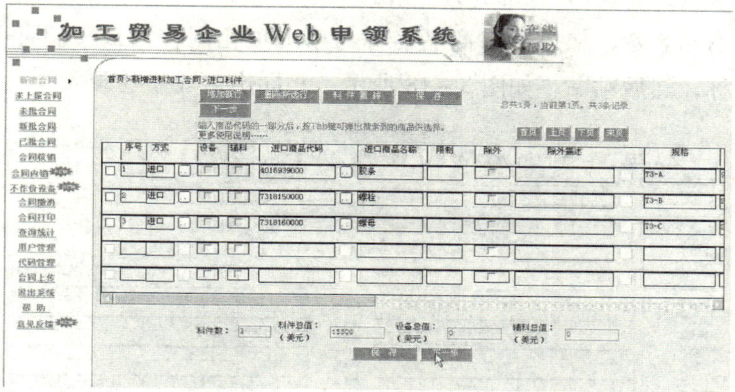

第三章 办理与使用加工贸易手册 | 75

图 3–15

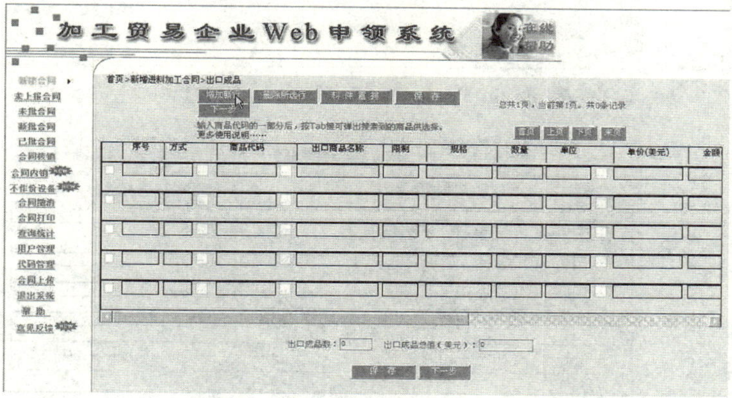

图 3–16

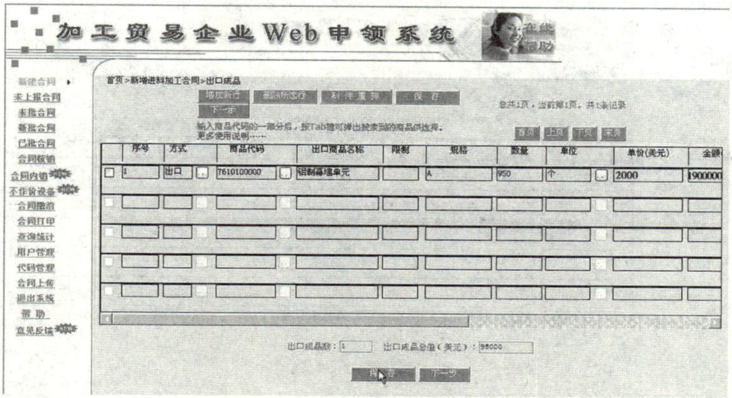

图 3–17

如果录入第 2 项出口成品时,点击"增加新行",接下来仍然录入商品代码、出口商品名称,如果出口商品名称与第 1 项相同,那么我们可以复制这项商品名称,然后粘贴。如图 3-18 所示,相同出口成品的录入。

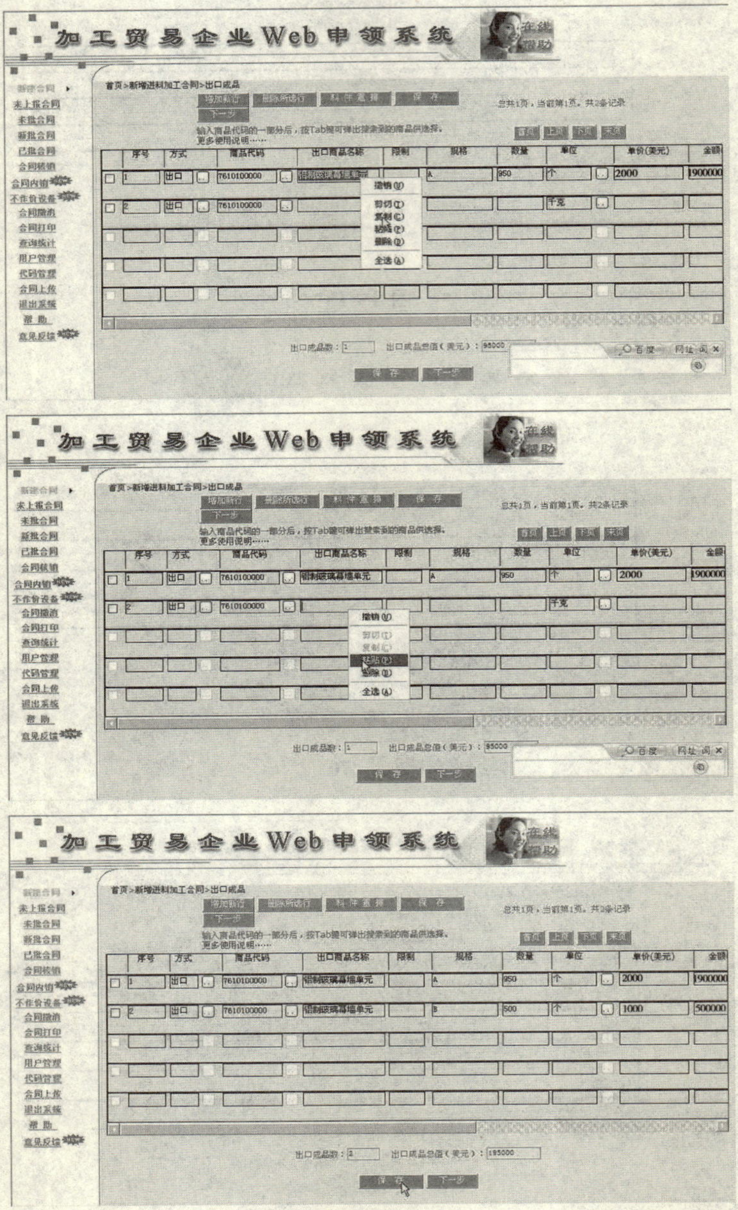

图 3-18

★特别提醒：无论是录入进口料件还是出口成品时，鼠标的光标都不要轻易点击"商品编码"一栏，一旦点击，无论你是否想更改，进口料件名称或出口成品的名称及其单位都会发生变化，且需要重新录入。

（12）出口成品录入完毕后，点击保存，然后进入下一步。要时刻记得保存，否则容易数据丢失，如图3-19所示。

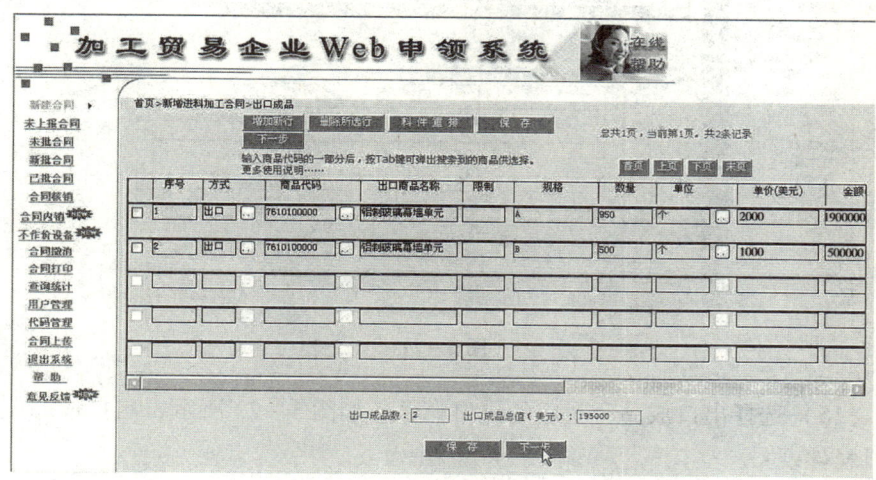

图3-19

（13）进入单耗录入时，先选择好出口成品。如图3-20所示，先选择第1项出口成品（点鼠标左键，将此项变成蓝色，则为选中）。

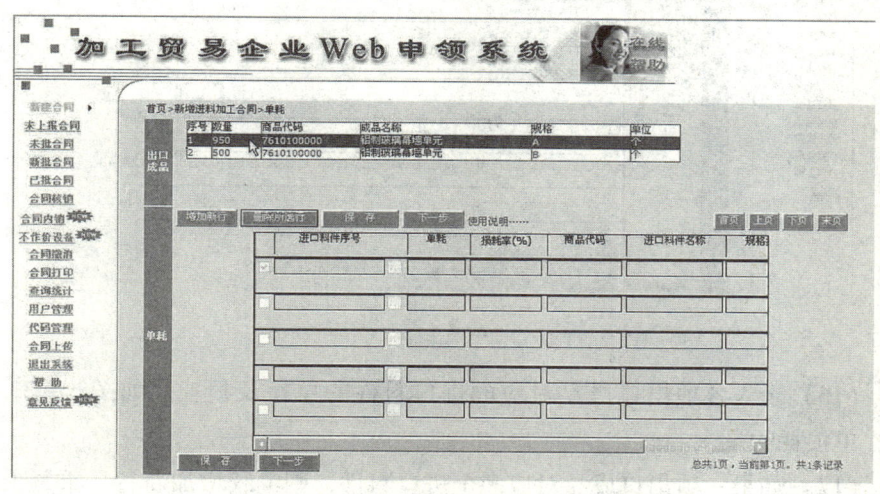

图3-20

（14）录入单耗时与录入其他项相同，仍然需要选择"增加新行"。如图 3-21 所示，增加新行。

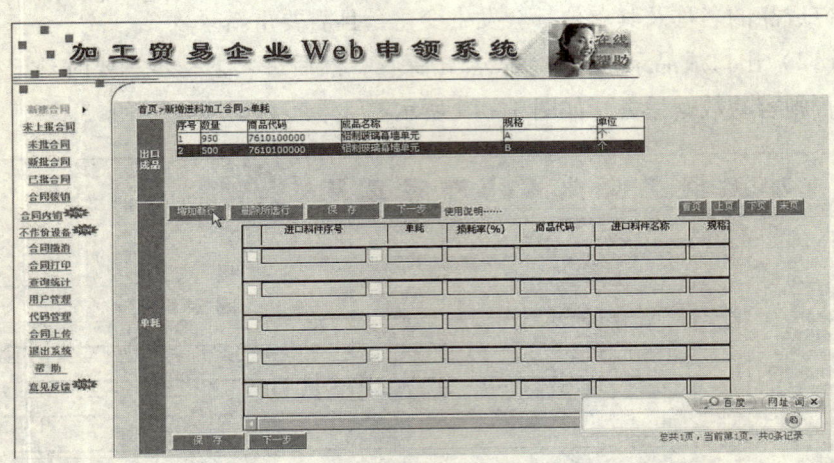

图 3-21

（15）选择出口成品所对应的进口料件。如图 3-22 所示，出口成品匹配进口料件。

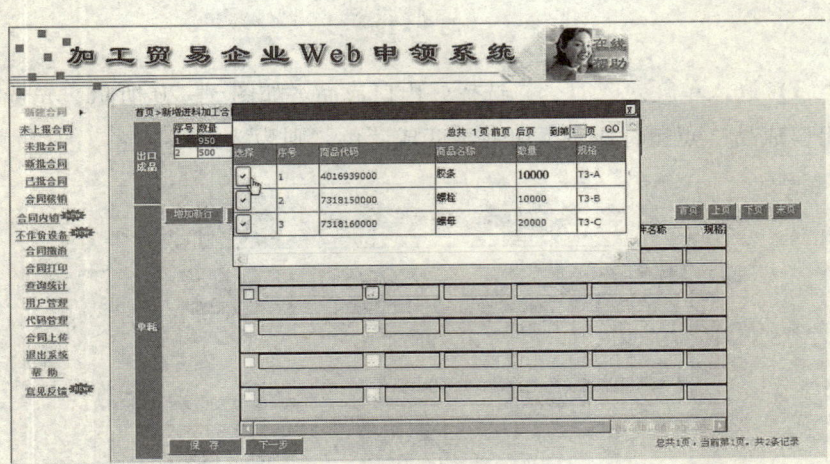

图 3-22

（16）录入各项出口成品对应的进口料件的单耗及损耗。如图 3-23 所示，单损耗的录入。

（17）如果一项出口成品对应多个进口料件，则继续增加新行，重复上面

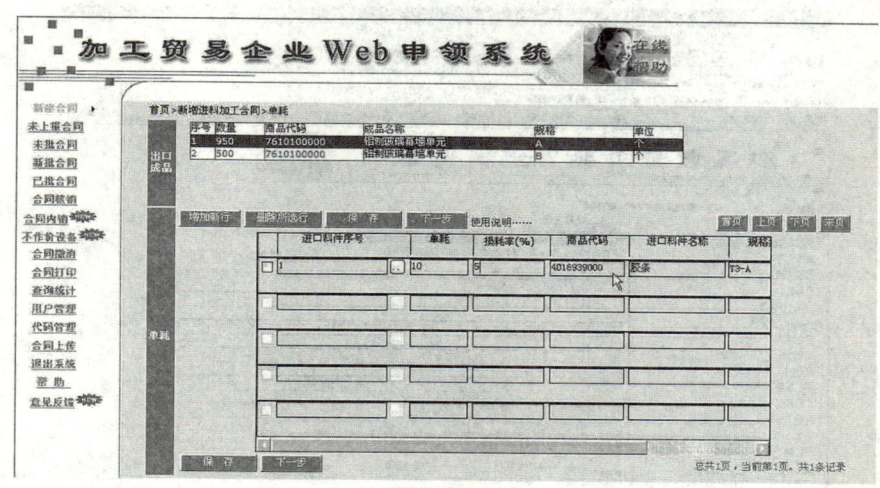

图 3 – 23

的录入过程。如图 3 – 24 所示,下一项进口料件单损耗的录入。

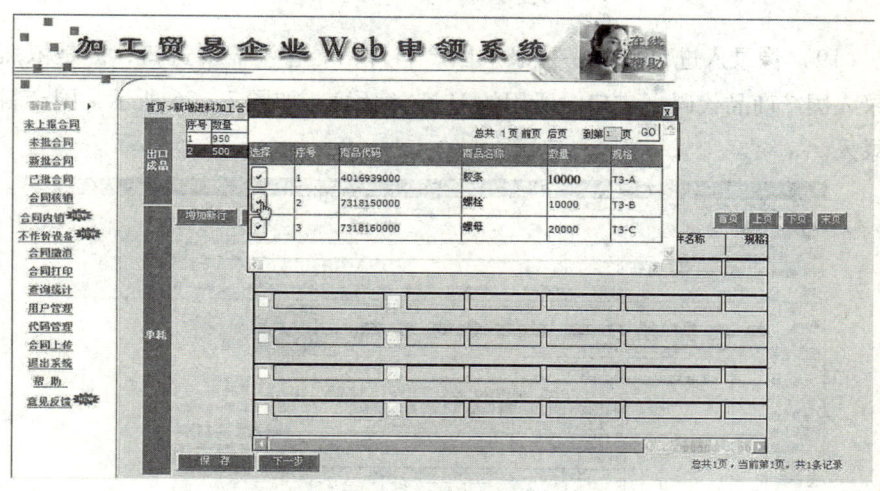

图 3 – 24

(18) 录完一项出口成品,选择另一项出口成品,并录入对应的单耗及损耗,程序与上面的相同。仍然不要忘记保存,然后再进行下一步。进入国产料件录入界面(此项分外经贸局或关区,并不是所有外经贸局或关区都需要录入,如果需要录入,请参考以下录入,仍然需要增加新行)。如图 3 – 25 所示,下一项出口成品单损耗的录入。

图 3-25

（19）像录入进口料件一样录入国产料件，尽管不需要进口，但是依然需要录入国产商品代码（进口时所用的 H.S. 编码）。如图 3-26 所示，国产料件的录入。

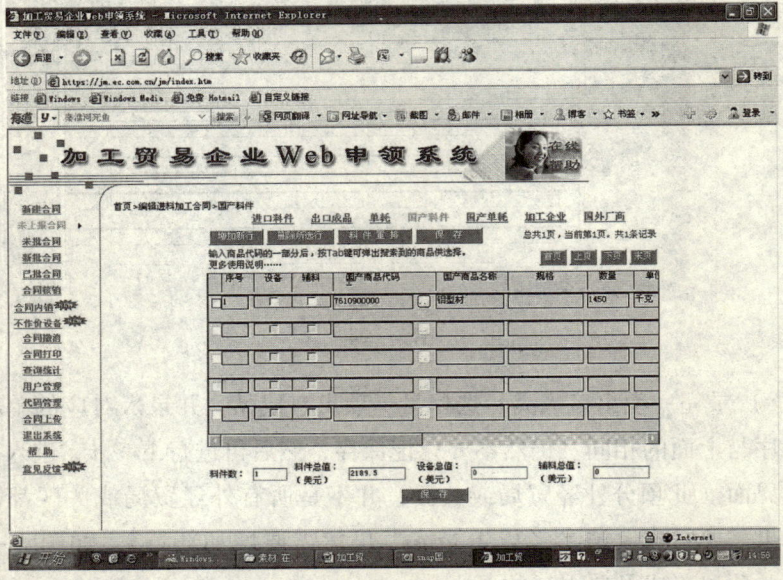

图 3-26

（20）金额录入时，要录入人民币金额，美元是系统自动折合的。另外，原产地名称一栏就填写货物实际生产地，然后保存。如图3-27所示，国产料件金额的录入。

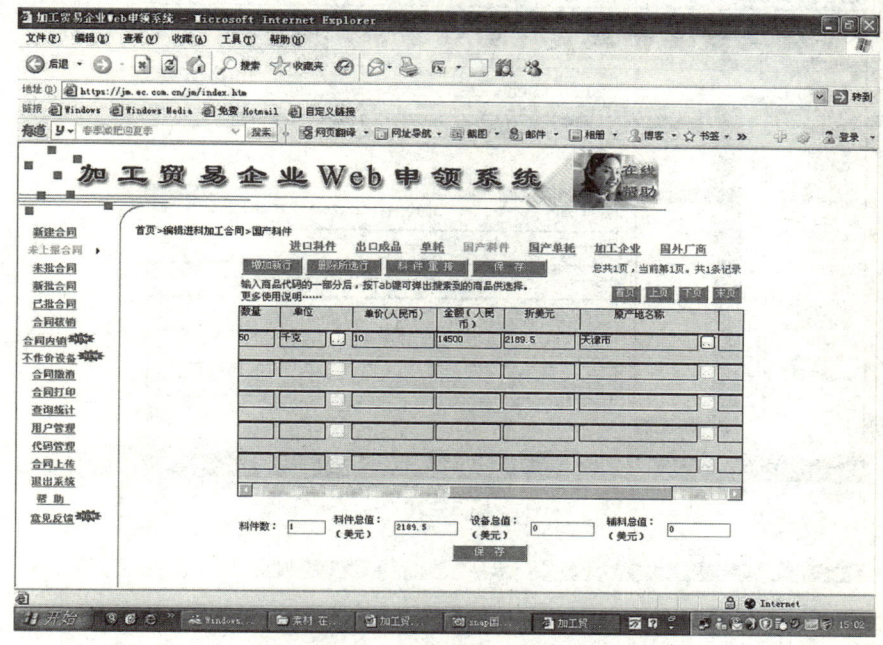

图3-27

（21）保存后点击"下一步"，进入国产单耗界面。先选择出口成品，仍然点击"增加新行"，录入单损耗，这一栏海关及外经贸局只作参考，一般不作考查，所以管理不是很严格，录入时不用像录入出口成品时那样精确。但是，必须保证采购的国产料件都耗用在出口成品上，即料件都能"平"。如图3-28所示，国产料件单损耗的录入。

（22）保存后进入下一步，因为"加工企业"一栏我们之前进行系统默认信息填写时已经录入完毕，所以自动生成，直接进入下一栏"国外厂商"（此项要求不严格，填写进口供应商、出口收货人即可）的录入。如图3-29所示，国外厂商信息的录入。

（23）到此为止，一本加工贸易手册资料就录入完毕了。为了确认录入的信息是否正确，我们返回主页检查一下录入的信息。点击"未上报合同"后，再点击"检查"。如图3-30所示，合同录入的检查。

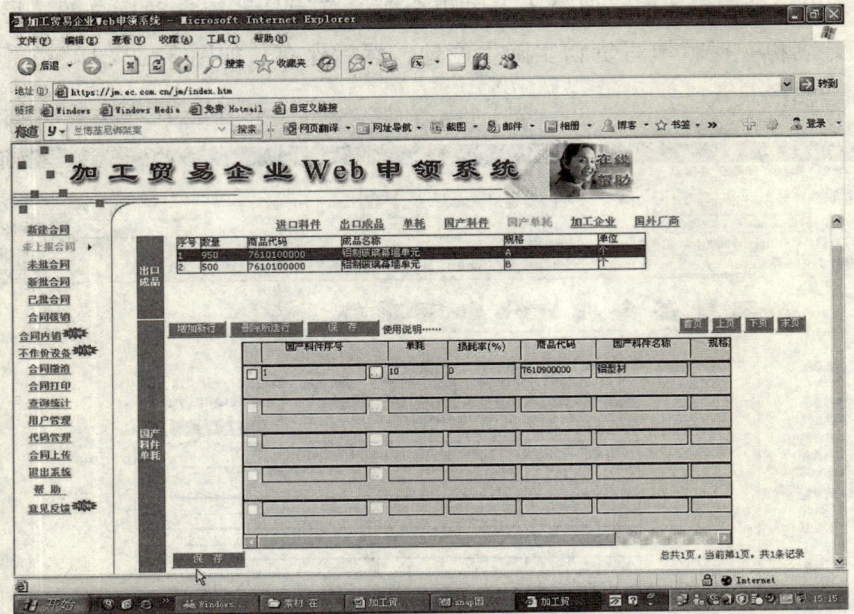

图 3-28

图 3-29

第三章　办理与使用加工贸易手册　83

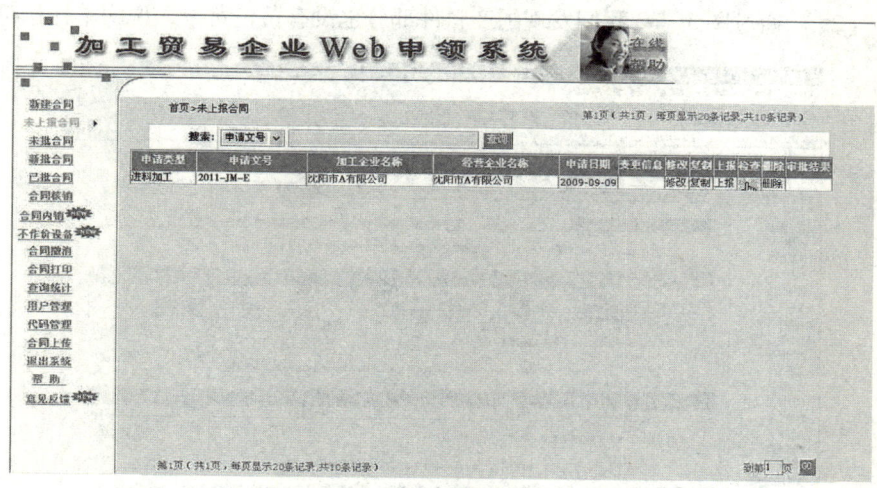

图 3–30

（24）提示进口料件如果出现黄色背景，说明单损耗与出口成品不相符。从图 3–31 中我们可以看到进口料件正常。

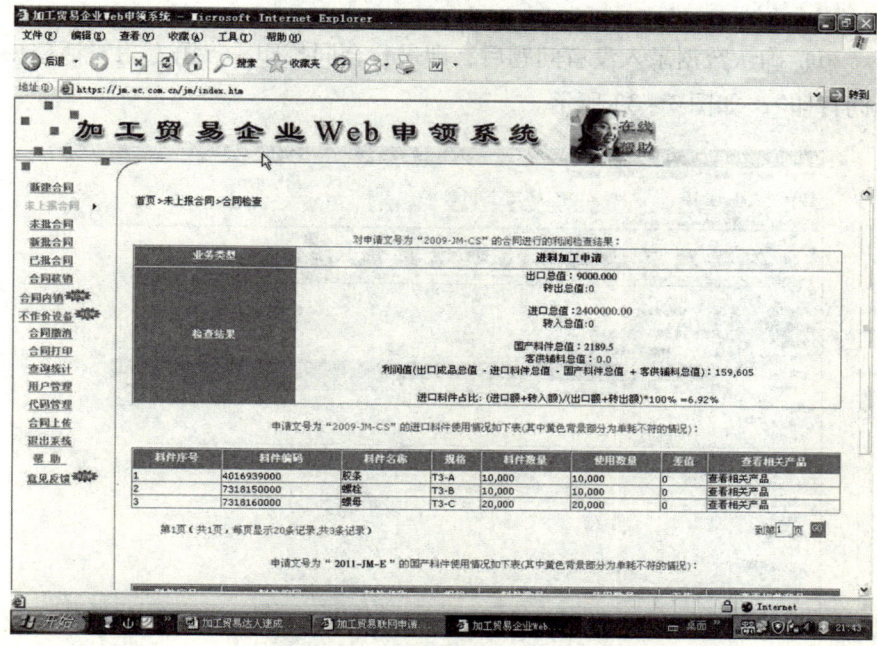

图 3–31

（25）通过图 3-32 我们发现国产料件部分也没有黄色背景，说明单耗相符。

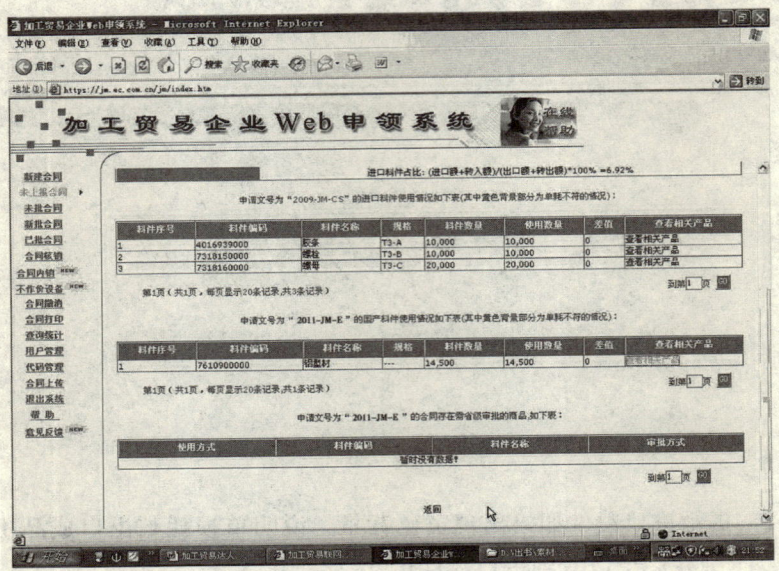

图 3-32

（26）确认数据录入没有问题后，即进行合同打印。点击左边对话框中的"合同打印"，如图 3-33 所示。

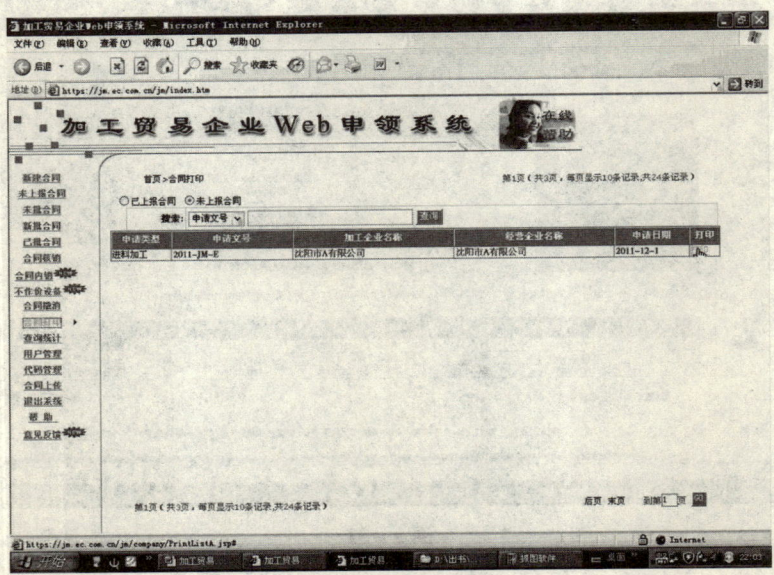

图 3-33

(27) 选择所要打印的材料，基本上这 6 项都需要打印出来，一式三份。如图 3-34 所示，打印内容的选择。

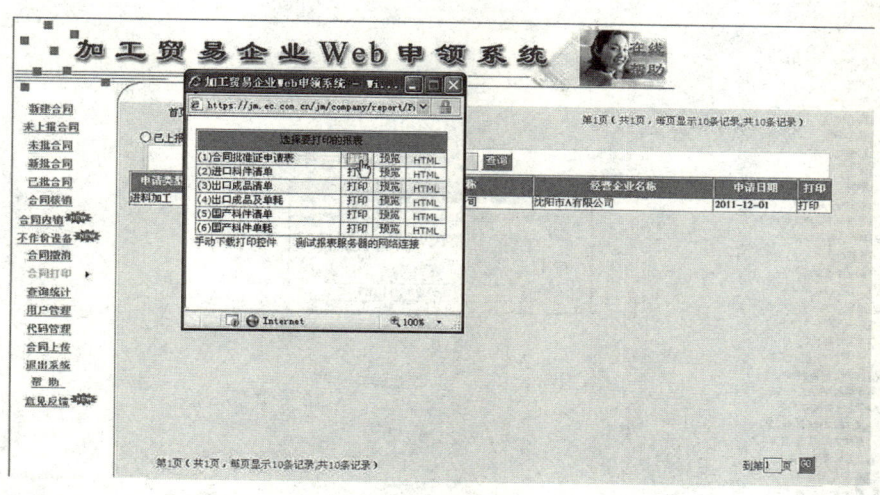

图 3-34

(28) 选择打印时，会出现一个安全信息警示，点击"否"。如图 3-35 所示，不安全信息的不显示。

(29) 选择打印机及打印份数，然后点"确认"，其他五项以此类推，如图 3-36 所示。

整个合同一式三份，打印完毕后，连同上面做好的进口采购合同与出口销售合同一式两份以及外经贸局要求做的申请（只提供给外经贸局）一式一份准备好后，将电子数据网上提交至外经贸局外企处。

(30) 进入加工贸易申报系统后，点击"未上报合同"，找到要上报的申请文号，再点击右侧的"上报"，如图 3-37 所示。

(31) 弹出图 3-38 所示对话框，选择好主管部门（主管部门一般在办理电子口岸事宜时就会提醒你，如果不提醒，申报前一定要电话确认，否则数据提交给错误部门会很麻烦；如果进料加工提交至来料加工主管部门，那么去进料加工的部门就找不到数据，所以需谨慎），点击"开始上报"。

如果整个过程都是正确操作，点击"开始申报"后会弹出××申请文号的合同上报成功，关闭窗口后，就可以进行纸质单据的递交了，如图 3-39 所示。

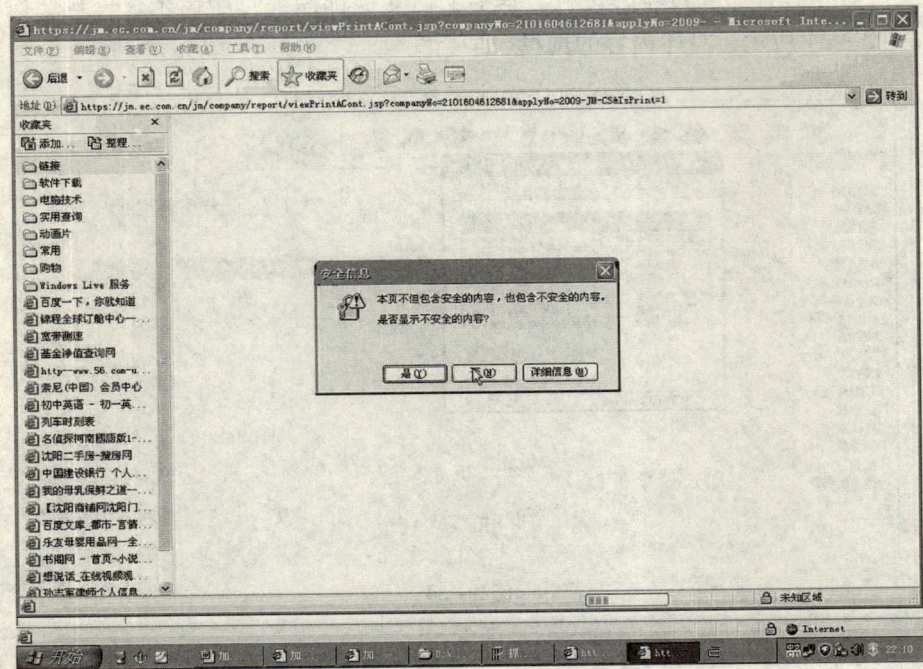

图 3-35

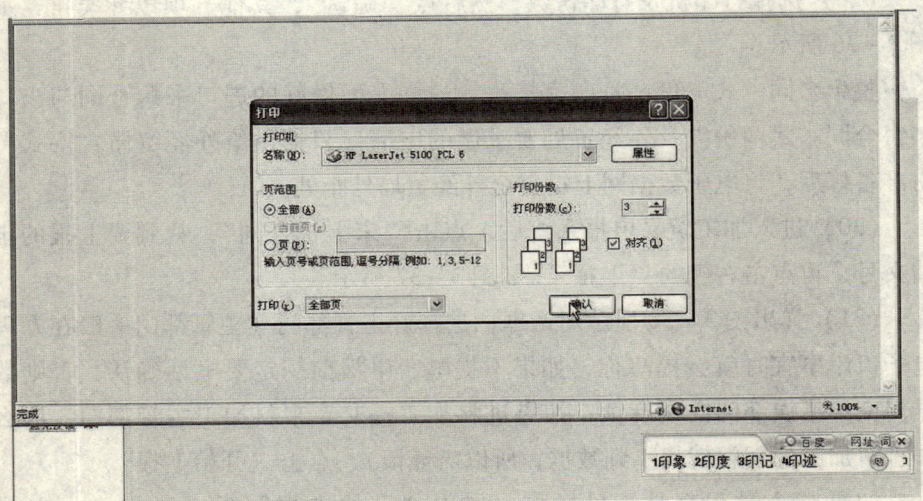

图 3-36

第三章　办理与使用加工贸易手册　87

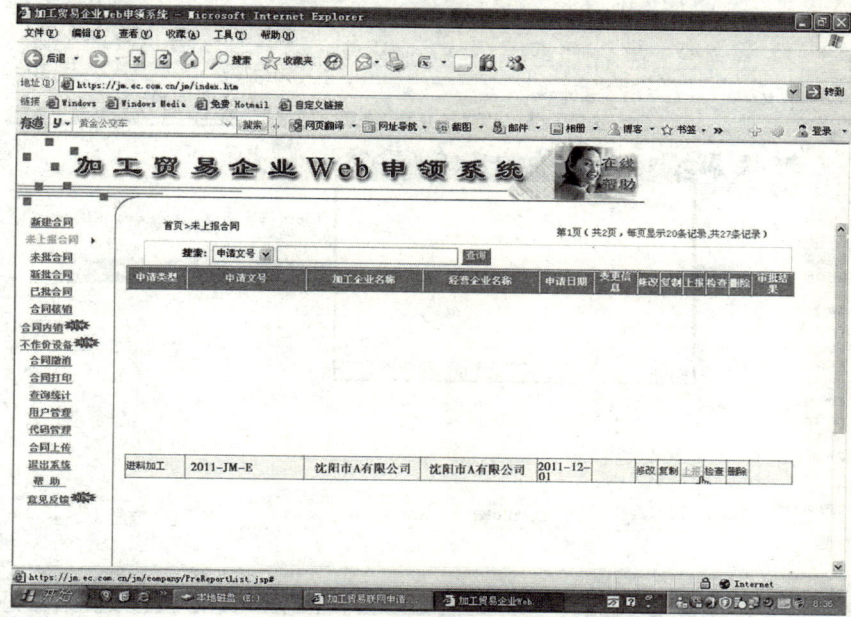

图 3-37

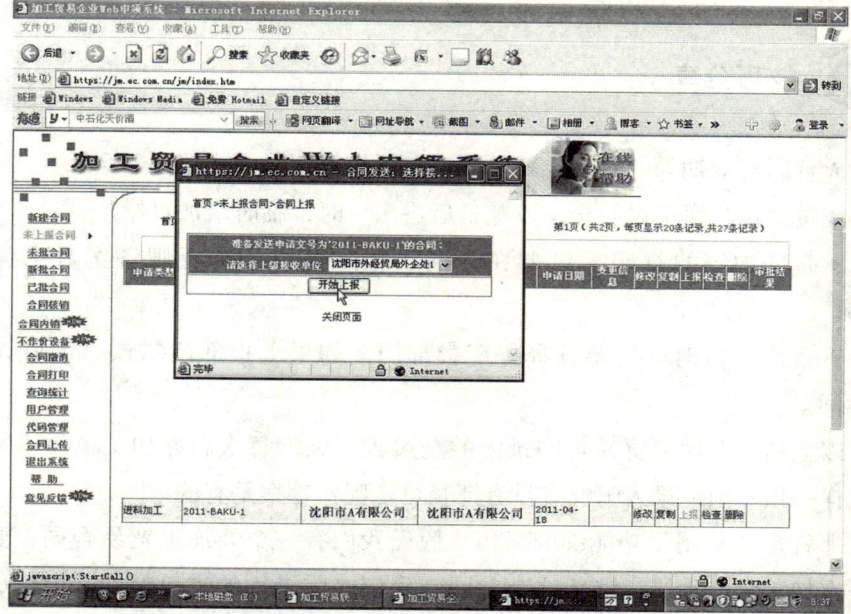

图 3-38

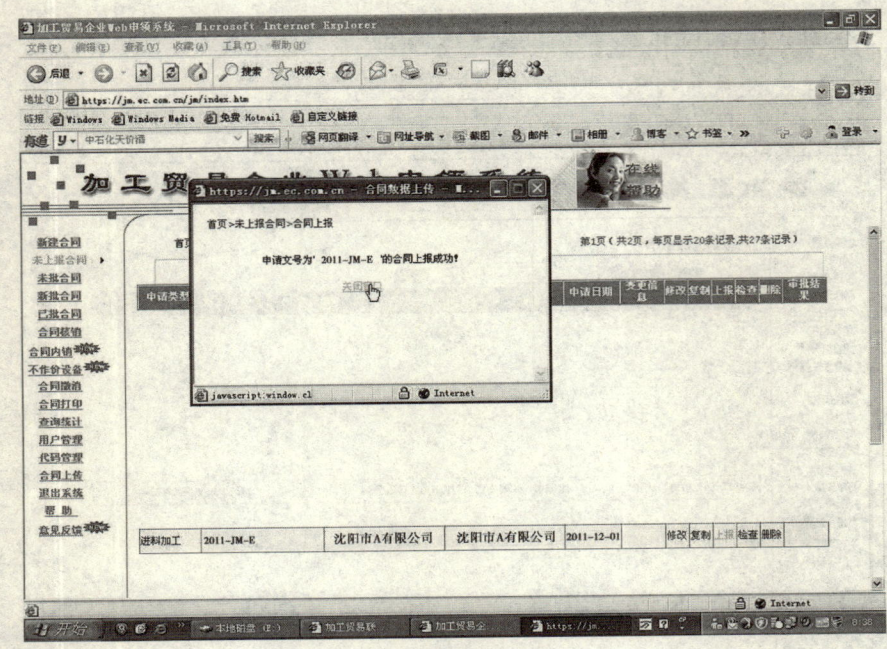

图 3-39

技巧分享

★合同有效期为一年，也就是说出口返销的期限不能超过 365 天。

★进出口口岸尽量录全，以免日后进出口时，临时增加口岸。

★合同内容的打印一定要在合同上报之前打印，否则备案数据无法打印。

★合同上报时一定要选择好审批部门。如果上报部门错误，会耽误审批时间。

以上是一个加工贸易合同录入的全过程。难道每次新办加工贸易手册都要这样一项一项地录入吗？有没有捷径可走呢？答案是有的。

那就是"复制"功能键的运用。假设我们有一个新加工贸易合同，要新办一本加工贸易手册，恰巧这个合同与我们之前录入的进口料件、出口成品基本相同，那么我们无须重新录入，直接复制之前的录入数据即可，如果数据大相径庭，我们不能进行复制，只能重新录入了。

复制加工贸易合同的流程如下：

加工贸易申报系统的登录等程序都一样，新录入一本手册要从新建合同开始，复制数据则需要从未上报合同或已批报合同开始，从未上报合同或者已批合同中找出与您即将要录入的数据相同的数据，点击"复制"，如图 3-40 所示。

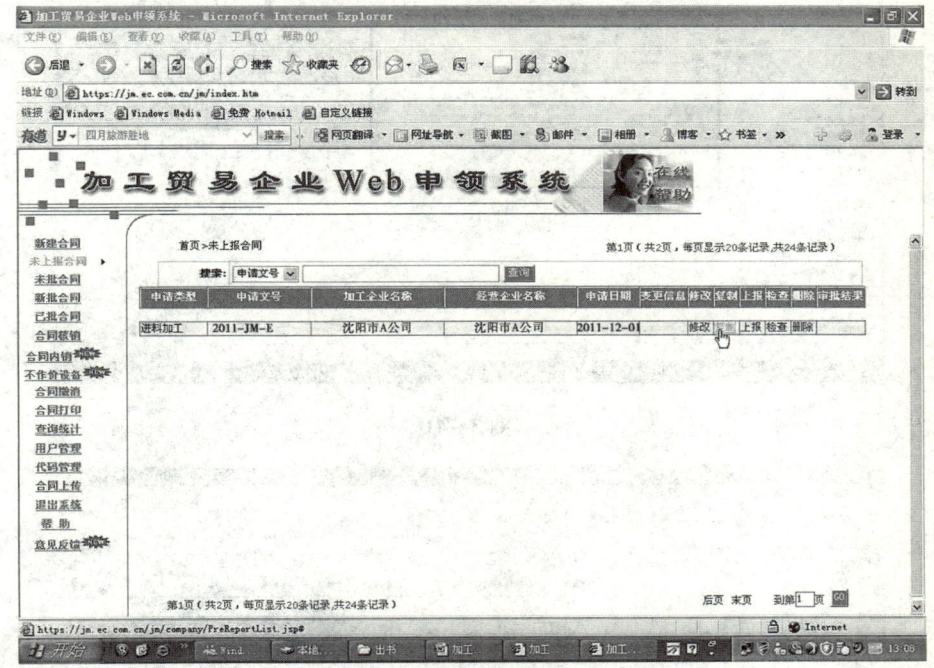

图 3-40

选中所要复制的内容，填写新的申请文号，然后点击"确认选中"，进入下一步，如图 3-41 所示。

进入图 3-42 所示录入界面，点击修改。

接下来，像前面录入数据一样录入相关信息，只是有一些信息和原来的不一样，需要修改，如进口料件的数量、总值、型号等，出口成品的数量、总值、型号等。如果进口料件的项数比原来的项数多，就点击"增加新行"；如果进口料件的项数比原来的项数少，那就选择多余的行，点击"删除"所选行。出口成品程序相同。

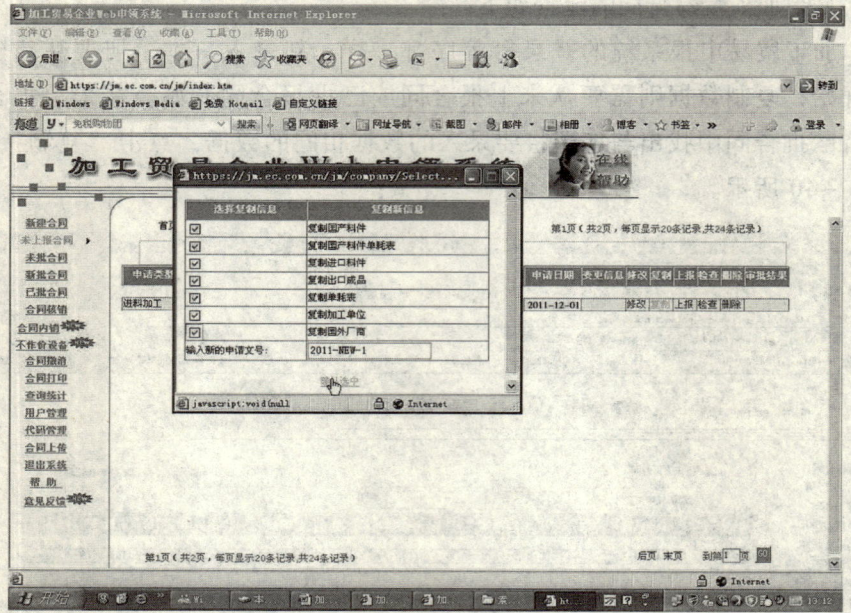

图 3-41

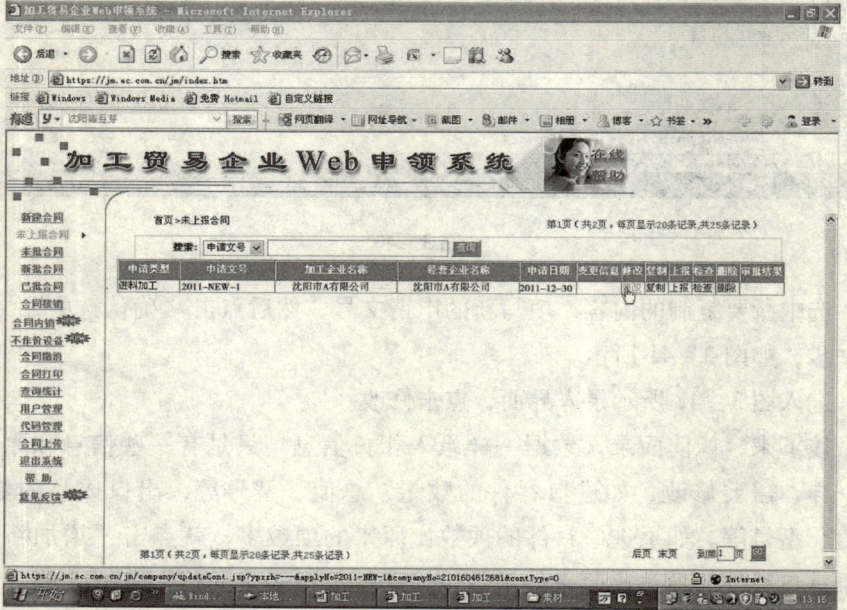

图 3-42

 **技巧分享**

1. 录入出口成品单耗时，复制的数据会遇到的麻烦是，进口料件中的信息已经修改，但是损耗中对应的数据没有改过来。所以，我们在录入出口成品单耗时必须重新选择对应的进口料件，这样进口料件的信息才能更新，新录入的进口料件才能体现。如果只更改单、损耗，而没有重新选择对应的进口料件，那么进口料件对应的规格型号就会保持原来的数据。

2. 来料加工贸易业务批准证申请的录入流程：

来料加工贸易的加工贸易业务批准证申请的录入与进料加工基本相同，差异就是出口成品中要录入加工费，在此不详细介绍。

## 二、外经贸局加工贸易业务批准证的审批阶段

1. 准备提交外经贸局的单据，如表3-3所示办理加工贸易批准证所需单据：

表3-3

| 序号 | 进料加工 | 来料加工 | 备注 |
| --- | --- | --- | --- |
| 1 | 关于办理加工贸易业务批准证的申请 | 关于办理加工贸易业务批准证的申请 | 办理加工贸易业务申请，各地可能会有区别，在沈阳外经贸局会要求提供（参考图3-4） |
| 2 | 加工贸易批准证申请 | 加工贸易批准证申请 | 加工贸易网上打印一式三份，加盖企业公章（参考图3-5） |
| 3 | 进口料件明细表 | 进口料件明细表 | 加工贸易网上打印一式三份，加盖企业公章（参考图3-6） |
| 4 | 出口成品明细表 | 出口成品明细表 | 加工贸易网上打印一式三份，加盖企业公章（参考图3-7） |

续表

| 序号 | 进料加工 | 来料加工 | 备注 |
| --- | --- | --- | --- |
| 5 | 进口料件与出口成品单损耗对照表 | 进口料件与出口成品单损耗对照表 | 加工贸易网上打印一式三份，加盖企业公章（参考图3-8） |
| 6 | 国产料件清单 | | 加工贸易网上打印一式三份，加盖企业公章（参考图3-9） |
| 7 | 国产料件单耗 | | 加工贸易网上打印一式三份，加盖企业公章（参考图3-10） |
| 8 | 进口采购合同 | 来料加工合同 | 双方签字盖章 |
| 9 | 出口销售合同 | 出口加工费合同 | 双方签字盖章 |
| 10 | 加工贸易手册执行登记簿 | 加工贸易手册执行登记簿 | 每次办理新手册时都需提供 |
| 11 | 企业营业执照正本及复印件 | 企业营业执照正本及复印件 | 初次办理加工贸易手册企业需提供 |
| 12 | 海关注册登记证书正本及复印件 | 海关注册登记证书正本及复印件 | 同上 |
| 13 | 国税注册登记证书正本及复印件 | 国税注册登记证书正本及复印件 | 同上 |
| 14 | 地税注册登记证书正本及复印件 | 地税注册登记证书正本及复印件 | 同上 |
| 15 | 企业办公地点产权协议或租赁合同复印件 | 企业办公地点产权协议或租赁合同复印件 | 同上 |
| 16 | 工艺流程图 | 工艺流程图 | 同上 |
| 17 | 其他外经贸局所需要的单据 | 其他外经贸局所需要的单据 | 各地海关对单据的要求有所差异 |

关于办理加工贸易业务批准证的申请

致××市外经贸局：

　　我公司是成立于××××年××月××日的外商投资企业。注册资本为××万美元，企业员工总数为××人，年生产能力为××万平方米。主要从事××××××××××（营业执照经营范围）。

　　我公司于××××年××月分别与××公司和××公司签订了销售合同及购货合同。进口料件具体明细如下：

| 序号 | 进口料件 | 单位 | 进口数量 | 单价 $ | 进口总值 $ |
|---|---|---|---|---|---|
| 1 | 胶条 | 米 | 10 000 | 0.950 0 | 9 500.00 |
| 2 | 螺栓 | 个 | 10 000 | 0.200 0 | 2 000.00 |
| 3 | 螺母 | 个 | 20 000 | 0.100 0 | 2 000.00 |
| 合计 | | | | | 13 500.00 |

出品成品明细如下：

| 序号 | 出口成品 | 单位 | 出口数量 | 单价 $ | 出口总值 $ |
|---|---|---|---|---|---|
| 1 | 铝制玻璃幕墙单元 B-1 | 个 | 950 | 100.000 0 | 95 000.00 |
| 2 | 铝制玻璃幕墙单元 B-2 | 个 | 500 | 200.000 0 | 100 000.00 |
| 合计 | | | | | 195 000.00 |

　　出口成品预计在××××年××月开始出口。

　　此项申请，请予以审批！

沈阳市 A 有限公司

××××年××月××日

表3-4 关于办理加工贸易业务批准证的申请

| 1.经营企业名称：沈阳市A有限公司 | | 2.加工企业名称：沈阳市B有限公司 | |
|---|---|---|---|
| 3.经营企业地址、联系人、电话：<br>沈阳市东陵区×××号<br>张某×××—×××××××× | | 4.加工企业地址、联系人、电话：<br>沈阳市××区×××号<br>李某×××—×××××××× | |
| 5.经营企业类型：外商投资企业<br>经营企业编码：20101234567890 | | 6.加工企业类型：外商投资企业<br>加工企业编码：210601412660 | |
| 7.加工贸易类型<br>进料加工 | | 8.来料加工项目协议号 | |
| 进料加工 | 9.进口合同号：2011-JM-01 | 来料加工 | 10.合作外商：Malysia A Co., Ltd |
| | 11.出口合同号：2011-JM-E | | 12.合同号： |
| | 13：客供辅料合同号：　—— | | 14.加工费（美元）：　$—— |
| 15.进口主要料件（详细目录见清单）：<br>胶条 | | 16.出口主要成品（详细目录见清单）：<br>铝质玻璃幕墙单元 | |
| 17.进口料件总值（美元）：$9000.00<br>（其中限制类：$0.00） | | 18.出口制成品总值（美元）：<br>$2400,000.00（其中限制类：$0.00） | |
| 19.进口口岸：北京海关，天津海关 | | 20.出口口岸：北京海关，天津海关 | |
| 21.出口制成品返销截止日期：<br>×××年××月×日 | | 22.加工地主管海关： | |
| 23.加工企业生产能力审查单位：<br>沈阳市外经贸局 | | 24.经营企业银行基本账户账号： | |
| 25.国产料件总值：$2189.5 | | 26.深加工<br>结转金额 | 转入　$0<br>输出　$0 |
| 27.选项说明：（_）1.本合同项下产品不涉及地图内容，不属于音像制品、印刷品。（_）2.本合同项下产品涉及地图内容，已取得国家测绘局批准文件。（_）3.本合同项下产品属音像制品、印刷品，已取得省级出版行政机关批准文件。 | | 29.备注：—— | 30.　　　经办人：<br>审核：　　签发：<br>日期：　（此栏由审批机关使用） |
| 28.申请人申明：本企业的生产经营和所加工产品符合国家法律、法规的规定 | | | |

表 3-5  加工贸易业务批准证申请表

批准证号：                                                                                                    金额单位：

| 序号 | 方式 | 商品代码 | 商品名称 | 规格型号 | 数量 | 单位 | 单价 | 总值 | 原产国（地区） |
|---|---|---|---|---|---|---|---|---|---|
| 1 | 进口 | 4016939000 | 胶条 | TS-A | 10 000 | 米 | 0.50 | 5 000.000 0 | 马来西亚 |
| 2 | 进口 | 7318150000 | 螺栓 | TS-B | 10 000 | 个 | 0.200 0 | 2 000.000 0 | 马来西亚 |
| 3 | 进口 | 7318160000 | 螺栓 | TS-C | 20 000 | 个 | 0.100 0 | 2 000.000 0 | 马来西亚 |
|  |  |  |  |  |  |  |  |  |  |
| 总计 | — | — | 进口料件总值 | — |  |  |  | 9 000.00 | — |

注：1. 本清单经批准单位盖章有效  2. 序号前带*号表示此料件为客供副料。

表 3-6  进口料件明细

经营单位名称：沈阳市 A 有限公司  加工企业名称：沈阳市 A 有限公司
加工贸易合同号：2011-JM-E

| 序号 | 方式 | 商品编码 | 商品名称 | 规格型号 | 数量 | 单位 | 单价 | 总值 | 加工费 | 消费国（地区） | 出口口岸 | 备注 |
|---|---|---|---|---|---|---|---|---|---|---|---|---|
| 1 | 出口 | 7610100000 | 铝制玻璃墙单元 | A | 950 | 个 | 2000.0000 | 1 900 000 | 0.00 | 美国 | 北京海关/天津海关 |  |
| 2 | 出口 | 7610100000 | 铝制玻璃墙单元 | B | 500 | 个 | 1000.0000 | 500 000 | 0.00 | 美国 | 北京海关/天津海关 |  |
|  |  |  |  |  |  |  |  |  |  |  |  |  |
| 总计 | — | — | 出口成品总值 |  |  |  |  | 2 400 000 |  |  |  |  |

注：本清单经批准单位盖章有效。

表 3-7  出口成品明细

| 料件序号 | 进口料件品名 | 成品1 | | 成品2 | | | | | | | | | |
|---|---|---|---|---|---|---|---|---|---|---|---|---|---|
|  |  | 单耗 | 损耗 | 单耗 | 损耗 | 单耗 | 损耗 | 单耗 | 损耗 | 单耗 | 损耗 | 单耗 | 损耗 |
| 1 | 胶条 | 10 | 5 |  |  |  |  |  |  |  |  |  |  |
| 2 | 螺栓 |  |  | 20 | 0 |  |  |  |  |  |  |  |  |
| 3 | 螺母 |  |  | 40 | 0 |  |  |  |  |  |  |  |  |
|  |  |  |  |  |  |  |  |  |  |  |  |  |  |

## 表3-8　进口料件与出口成品单损耗对照表

批准证号：

| 序号 | 商品代码 | 商品名称 | 规格型号 | 数量 | 单位 | 单价（¥） | 总值（¥） | 总值（$） |
|---|---|---|---|---|---|---|---|---|
| 1 | 761090000 | 铝型材 |  | 14 500 | 千克 | 10.000 0 | 145 000 | 21 895 |
| 合计 | — | 国产料件总值 | — |  |  |  | 145 000 |  |

表3-9　国产料件清单

| 料件序号 | 进口料件品名 | 成品1 | | 成品2 | | | | | | | | | |
|---|---|---|---|---|---|---|---|---|---|---|---|---|---|
| | | 单耗 | 损耗 | 单耗 | 损耗 | 单耗 | 损耗 | 单耗 | 损耗 | 单耗 | 损耗 | 单耗 | 损耗 |
| 1 | 铝型材 | 10 | 0 | 10 | 0 |  |  |  |  |  |  |  |  |
|  |  |  |  |  |  |  |  |  |  |  |  |  |  |
|  |  |  |  |  |  |  |  |  |  |  |  |  |  |
|  |  |  |  |  |  |  |  |  |  |  |  |  |  |

表3-10　国产料件单耗

## 三、海关保税科手册的审批阶段

1. 准备呈递海关单据（如表3-11所示）：

表3-11

| 序号 | 进料加工 | 来料加工 | 备注 |
|---|---|---|---|
| 1 | 加工贸易批准证申请 | 加工贸易批准证申请 | 递交给外经贸局（部）的三份中的两份，加盖外经贸局业务章 |
| 2 | 进口料件明细表 | 进口料件明细表 | 同上 |
| 3 | 出口成品明细表 | 出口成品明细表 | 同上 |
| 4 | 进口料件与出口成品单损耗对照表 | 进口料件与出口成品单损耗对照表 | 同上 |

续表

| 序号 | 进料加工 | 来料加工 | 备注 |
| --- | --- | --- | --- |
| 5 | 加工贸易批准证 | 加工贸易批准证 | 外经贸局颁发的，加盖了外经贸局业务章的（参考图3-51） |
| 6 | 进口采购合同正本 | 进口采购合同正本 | 同递交给外经贸局的相同 |
| 7 | 出口销售合同正本 | 出口销售合同正本 | 同上 |
| 8 | 加工贸易企业生产能力证明复印件 | 加工贸易企业生产能力证明复印件 | 加盖企业公章 |
| 9 | 企业营业执照正本及复印件 | 企业营业执照正本及复印件 | 初次办理加工贸易手册企业需提供 |
| 10 | 海关注册登记证书正本及复印件 | 海关注册登记证书正本及复印件 | 同上 |
| 11 | 国税注册登记证书正本及复印件 | 国税注册登记证书正本及复印件 | 同上 |
| 12 | 地税注册登记证书正本及复印件 | 地税注册登记证书正本及复印件 | 同上 |
| 13 | 企业办公地点产权协议或租赁合同复印件 | 企业办公地点产权协议或租赁合同复印件 | 同上 |
| 14 | 工艺流程图 | 工艺流程图 | 初次办理加工贸易手册企业需提供（各企业格式不同，无固定模式） |
| 15 | 其他海关需要的单据 | 其他海关需要的单据 | |

## 加工贸易业务批准申请表

批准证号：2012沈外企业JM进字审00062号

| 1、经营企业名称：<br>沈阳市A有限公司 | | 3、加工企业名称：<br>沈阳市A有限公司 | |
|---|---|---|---|
| 2、经营企业类型：外商投资企业<br>经营企业编码：2101234567890 | | 4、加工企业类型：外商投资企业<br>加工企业编码：2101234567890 | |
| 5、加工贸易类型：进料加工 | | 6、出口制成品返销截止日期：<br>2012年12月1日 | |
| 进料加工 | 7、进口合同号：<br>2011-JM-01 | 进料加工 | 10、合同外商：<br>Malysua A Cov Ltd. |
| | 8、出口合同号：<br>2011-JM-E | | 11、合同号： |
| | 9、客供辅料合同号： | | 12、加工费（美元）<br>$ 0.00 |
| 13、进口主要料件（详细目录见清单）：<br>……<br>胶条 | | 16、出口主要制成品（详细目录见清单）：<br>……<br>铝制幕墙单元 | |
| 14、进口料件总值（美元）：<br>$9000.00（其中限制类：$0.00） | | 17、出口制成品总值（美元）：<br>$-2400000.00（其中限制类：$0.00） | |
| 15、进口口岸：<br>沈阳关区、大连关区、北京关区、上海关区、天津关区 | | 18、出口口岸：<br>沈阳关区、天津关区 | |
| 19、加工企业地址、联系人、电话：<br>沈阳市东陵区××××号 张某×××—××××<br>××××| | 20、加工地主管海关：<br>沈阳海关 | |
| 21、加工企业生产能力审查单位：<br>沈阳市外经贸局 | | 22、经营企业银行基本账户账号：<br>××××××××× | |
| 23、国产料件总值（美元）：$2189.5 | | 24、深加工<br>结转金额 | 转入（美元） $0.00<br>转出（美元） $0.00 |
| 25、备注：<br>1.……<br>2.……<br>3.…… | | 26、发证机关签章：<br>同意申请<br><br>27、发证日期：2012年2月23日 | |

商务部监制

图 3-43 加工贸易批准证

**技巧分享**

如果办理电子手册，在第一次办理加工贸易手册之前需要向海关申请电子底账备案，即将进口料件与出口成品的详细信息（包括名称、H.S.编码、规格型号、用途等申报要素）向海关备案，并提交书面申请（参考表3-12）。

如果已经多次办理加工贸易手册,进口料件与出口成品的相关资料已经在海关备案,则不需备案;如果进口料件或出口成品相关资料未在海关备案,则需要增加电子底账。

表3-12 数据库备案申请

进口料件表

| 序号 | 商品编码 | 品名 | 规格型号（备齐申报要素） | 计量单位 | 是不是主料 |
|---|---|---|---|---|---|
| 1 | 4016939000 | 胶条 | T5-A | 米 | 主料 |
| 2 | 7318150000 | 螺栓 | T5-B | 个 | 主料 |
| 3 | 7318160000 | 螺母 | T5-C | 个 | 主料 |
|   |   |   |   |   |   |

出口成品

| 序号 | 商品编码 | 品名 | 规格型号（备齐申报要素） | 计量单位 |
|---|---|---|---|---|
| 1 | 7610100000 | 铝制玻璃幕墙单元 | 铝制/铆接/门窗 | 个 |

沈阳市 A 有限公司<br>×××年××月××日

## （二）海关备案数据的录入

海关为了规范业务,要求自理报关企业的办事人员必须具有报关员证,如果企业没有报关员,可以委托报关代理企业代为办理。企业自己的报关员或代理报关员将表3-11所列单据中的前6项,提供给海关的录入人员进行电子数据的录入,并由报关员自行审核,审核无误后,由录入人员将电子数据提交给保税科,再由报关员将上述前8项单据提供给海关保税科。

一些海关已经开始办理电子手册,需要企业或者代理安装电子口岸录入申报系统（Quick Pass）,这个系统与海关联网,企业需自行录入数据,然后向海关提交。海关直接调取数据,并参考企业递交的纸质单据,进行审批。

## （三）海关派关员验厂

对于初次办理加工贸易手册的企业,海关会派关员到企业验厂,验厂合格后才审批同意办理加工贸易手册。

### （四）海关与银行关于保证金台账的处理

1. 加工贸易银行保证金台账制度，是指经营加工贸易的单位或企业凭海关核准的手续，按合同备案料件金额向指定银行申请设立加工贸易进口料件保证金台账，加工成品在规定的加工期限内全部出口，经海关核销合同后，再由银行核销保证金台账。

参考国发（99）35号文，1万美元以下（含1万美元，金额以海关核定为准）合同备案适用A、B类管理企业，进口料件无论是否涉及限制类商品，均不开设台账。对保税区内企业和海关派员监管及与海关计算机联网视同海关驻厂监管的企业，不实行银行保证金台账制度。

1万美元以上的加工贸易合同均需纳入加工贸易银行保证金台账制度管理。

2. 需要开设保证金台账的分为保证金台账空转和实转：

保证金台账实转，按照保证金台账管理制度的规定，需要办理保证金的称为实转。如新成立的企业新办的第一本加工贸易手册，无论是几类管理企业都进行保证金台账实转管理；C类管理企业也实行保证金台账实转管理；进口限制类产品，进口金额超过1万美元的实行保证金台账实转。

企业缴纳的保证金在企业加工贸易手册核销后，银行是连本带利予以退还的，台账保证金空转，中国银行根据对企业资讯情况的了解及企业提供的保证、抵押，为企业出具以海关为受益人的税款保付保函。在担保期内，企业出口合同执行完毕或履行出口义务的，中国银行担保责任自行解除；未能全部或部分履行出口义务的，海关按补税额及缓税利息，向中国银行发出"索赔书"或"海关专用缴款书"，中国银行承担赔付责任，同时向被担保企业追索已向中国银行缴纳的赔款。

A、B类管理企业办理的第二本以上非限制类商品的加工贸易手册实行空转。

一份合同收取100元手续费，以支付办理手续所需的开支。经营加工贸易单位或企业为一份合同申请开设一笔台账，只向银行交付一次手续费。银行办理同一份加工合同项下的台账变更或核销手续时不再另收手续费。外经贸主管部门审批合同和海关办理合同登记备案手续，不另收任何手续费。

海关对所提供的数据以及加工企业审核合格后，开立保证金台账开设联系单，企业凭此联系单到海关指定的银行（中国银行），将台账手续费汇入银行指定的账号，银行再打印出一份保证金台账开设通知单。这是办理纸质手册的手续。现在海关一般都开展电子化业务，办理的都是电子手册。保证金台账开设也电子化了，由海关直接将电子数据提交给中国银行，企业直接去银行存款，或者以网银的形式汇至中国银行指定的账号，台账手续就办理完结了。

（五）核发手册

海关凭借企业的保证金台账开设通知单，将事先录入系统的数据重新过机，从此该加工贸易合同在海关备案正式有效。企业就可以凭借海关提供的加工贸易手册编号进行进出口报关了。

 技巧分享

单耗计算公式：
单耗＝进口料件（1－损耗率）÷出口成品

 案例 3－3　进口料件归并

进口同一材质的 4 种规格型号的胶条，5 种规格型号的螺栓、螺母。共有两项出口成品，每一项出口成品都消耗这几种型号的进口料件。

 案例分析

如表 3－13 所示，进口料件归并，每项进口料件都使用在对应的出口成品中，只是相对应的单损耗不同。为了方便起见，对于同一材质、同一名称的进口料件是可以进行归并的。

**切记**：进口料件归并的前提是同一项出口成品都是耗用所归并的进口料件。

由图 3－53 可得出归并后的：
平均净耗＝归并前净耗之和÷出口成品总量

表3-13

| 序号 | 成品数量/单耗 | 归并前进口料件 | 归并后进口料件 | 归并前进口数量 | 归并前单位 | 归并后进口数量 | 归并后单位 | 归并前成品1 | 归并前净耗 | 归并后成品1 | 归并前成品2 | 归并后成品2 | 归并前损耗率(%) | 归并前损耗 | 归并后平均损耗率(%) |
|---|---|---|---|---|---|---|---|---|---|---|---|---|---|---|---|
| 1 | 950 | 胶条A | 胶条 | 1000 | 米 | 10 000 | 米 | 1 | 950 | 950 | 500 | 500 | 5 | 50 | 0.046 2 |
|  |  | 胶条B |  | 8 000 | 米 |  |  | 8 | 7 600 | 10.04 |  |  | 5 | 400 |  |
|  |  | 胶条C |  | 500 | 米 |  |  | 0.52 | 494 |  |  |  | 1.2 | 6 |  |
|  |  | 胶条D |  | 500 | 米 |  |  | 0.52 | 494 |  |  |  | 1.2 | 6 |  |
| 2 |  | 螺栓A | 螺栓 | 2 000 | 个 | 10 000 | 个 |  | 9 538 | 9 538 | 4 |  | 0 |  | 0 |
|  |  | 螺栓B |  | 2 000 | 个 |  |  |  |  |  | 4 |  | 0 |  |  |
|  |  | 螺栓C |  | 2 000 | 个 |  |  |  |  |  | 4 | 20 | 0 |  |  |
|  |  | 螺栓D |  | 2 000 | 个 |  |  |  |  |  | 4 |  | 0 |  |  |
|  |  | 螺栓E |  | 2 000 | 个 |  |  |  |  |  | 4 |  | 0 |  |  |
| 3 |  | 螺母A | 螺母 | 3 500 | 个 | 20 000 | 个 |  |  |  | 7 |  | 0 |  | 0 |
|  |  | 螺母B |  | 4 500 | 个 |  |  |  |  |  | 9 | 40 | 0 |  |  |
|  |  | 螺母C |  | 3 000 | 个 |  |  |  |  |  | 6 |  | 0 |  |  |
|  |  | 螺母D |  | 4 000 | 个 |  |  |  |  |  | 8 |  | 0 |  |  |
|  |  | 螺母E |  | 5 000 | 个 |  |  |  |  |  | 10 |  | 0 |  |  |

平均损耗率 = 总损耗 ÷ 进口料件总量 = 0.0462

以胶条为例:

平均净耗 = 归并前净耗之和（950 + 7600 + 494 + 494 + 494）÷ 出口成品总量（950）= 10.04

平均损耗率 = 462（总损耗）÷ 1000（进口料件总量）= 0.0462

**案例 3-4　出口成品归并**

成品 1、成品 2、成品 3、成品 4 规格基本相同，其分别对应的胶条的单耗为 1 米、2 米、3 米、3 米，损耗率分别是 5%、2%、1%、1%。对应的螺栓的单耗均为 2 个，损耗率为 0。

**案例分析**

出口成品规格相同，只是型号大小不同，通俗地讲就是结构相同，所消耗的进口料件相同，只是消耗多少的问题。在这种情况下，多个出口成品可以归并成一个出口成品，单耗归并为一个平均值，损耗也归并为一个平均值。如表 3-14 所示出口成品归并表，总结一句话就是：出口成品归并，各项单损耗取平均值。

净耗 = 各项净耗之和 ÷ 出口成品总量

胶条的平均净耗 = 150 米/60 个 = 2.5 米

损耗率 = 各项损耗率之和 ÷ 出口成品总量

胶条平均损耗 = 9% ÷ 60 个 = 1.5

表 3-14

| 归并后进口料件及单损耗＼归并前出口成品 | 成品 1 10 个 | 损耗率（%） | 成品 2 10 个 | 损耗率（%） | 成品 3 20 个 | 损耗率（%） | 成品 4 20 个 | 损耗率（%） | 归并后进口料件及单损耗＼归并后出口成品 | 成品 60 个 | 损耗率（%） |
|---|---|---|---|---|---|---|---|---|---|---|---|
| 胶条 | 1 米 | 5 | 2 米 | 2 | 3 米 | 1 | 3 米 | 1 | 胶条 | 2.5 米 | 1.5 |
| 螺栓 | 2 个 | 0 | 2 个 | 0 | 2 个 | 0 | 2 个 | 0 | 螺栓 | 2 个 | 0 |

**案例 3-5　如何处理生产中报废的料件**

出口成品为 60 个单元，每个单元对应的进口料件螺栓的单耗为 2 个，损耗率为 0。但是从生产经验来看，由于生产技能的原因，在此过程中会有 2~4 个螺栓报废。如果只进口 120 个螺栓，那么实际生产中就有可能会缺少 2~4 个螺栓。这种情况下怎么办？

 **案例分析**

如表 3-15 所示，以第二项螺栓为例。

表 3-15　进口料件组装细目表

| 序号 | 出口成品 进口料件 | 60 个单元 规格 | 单位 | 单元 A 60 | 净耗 | 损耗 | 备案进口数量 | 实际用量 |
|---|---|---|---|---|---|---|---|---|
| 1 | 胶条 2428 | T3-07959 | 米 | 10 | 600 | 0.050 00 | 632 | 600 |
| 2 | 螺栓 | T3-07947 | 个 | 2 | 120 | 0.000 00 | 120 | 124 |

按实际生产的单耗，需进口 120 个，可是依生产经验，加工过程中可能有 2~4 个会报废，但是这属于海关规定的加工过程中消耗性材料的损耗，不列入工艺损耗内，所以这 2~4 个的报废料件正常需企业一般贸易采购，需缴关税及增值税，这样通关速度会降低。基于此，我们可以在备案时采用虚拟备案。有两种虚拟备案法：拆分出口成品增大单耗虚拟法，增加出口成品单耗不变虚拟法。如表 3-16、表 3-17 所示。

表3-16 拆分出口成品增大单耗组装细目表

| 序号 | 出口成品 | 1450 个单元 | 单位 | 单元A | 单元B | 净耗 | 损耗 | 备案进 | 实际 |
| --- | --- | --- | --- | --- | --- | --- | --- | --- | --- |
| | 进口料件 | 规格 | | 58 | 2 | | | 口数量 | 用量 |
| 1 | 胶条2428 | T3-07959 | 米 | 10 | 10 | 600 | 0.05000 | 611 | 600 |
| 2 | 螺栓 | T3-07947 | 个 | 2 | 4 | 124 | 0.00000 | 124 | 124 |

将出口成品拆分成两项（只针对此例，其他的可以根据实际情况拆分成三项或者更多项），拆分原则是：所拆分出来的出口成品的数量与单耗之积为实际总用量减去第一项的净耗（第一项的实际用量）。其中第一项，即单元A项，单耗按照实际备案，拆分出来的第二项，就按照需要增大单耗，如表3-16所示。

表3-17 增加出口成品组装细目表

| 序号 | 出口成品 | 1450 个单元 | 单位 | 单元A | 单元B | 净耗 | 损耗 | 备案进 | 实际 |
| --- | --- | --- | --- | --- | --- | --- | --- | --- | --- |
| | 进口料件 | 规格 | | 60 | 2 | | | 口数量 | 用量 |
| 1 | 胶条2428 | T3-07959 | 米 | 10 | | 600 | 0.05000 | 632 | 600 |
| 2 | 螺栓 | T3-07947 | 个 | 2 | 2 | 124 | 0.00000 | 120 | 124 |

注：灰色背景栏为拆分后的出口成品部分。

第二种方法就是第一项出口成品数量保持不变，额外再增加一项出口成品，此项出口成品的数量与第一项的单耗及报废的数量有关。增加的出口成品的数量为报废的进口料件数除以第一项的单耗。

等进口完毕，生产也结束后，可能会出现以下情况：

一是因生产技术改进，一个螺栓也没有报废，但有4个螺栓余料产生，那么按照程序规定，在最后一笔货物出口前，应去海关申报正确的单耗，对4个螺栓余料进行补税或者余料结转。

二是在生产过程中，真正报废了4个螺栓，那么就应在最后一笔出口前向海关申报正确的单耗，并申请补税或放弃。

当然，此过程产生的过多的余料或废料，尤其是金属类的进口料件或边角废料，一般海关是不允许放弃的，只能是补税。

如何办理补税、余料结转或放弃手续，后面章节会讲解。

同样道理，如果是不可数计量单位的，也就是有损耗的，备案时可以加大损耗率，等实际生产后，按实际生产时的损耗来核销手册。当然，海关对于每项进口料件的单耗、损耗是有标准的，不能无限制地增大。

## 第三节 加工贸易手册的管理

人无远虑，必有近忧，如果不从长远打算，不建立专业账册，不统一管理，长此以往必然会造成保税料件互相串料或者保税料件与国产料件、一般贸易采购的料件串料的现象，违反海关规定，甚至触犯国家法律。如此看来，对于加工贸易手册的管理与使用比加工贸易手册的申办更为重要。正所谓"打江山容易，守江山难"。

### 一、仓库及财务对加工贸易手册项下货物的管理

**（一）仓库建立专门账册专门管理**

1. 进口料件出入库账。
2. 出口成品出入库账。
3. 国内采购料件出入库账（有国内采购业务的需要）。
4. 边角（废）料、残次品账。
5. 成品国内销售出入库账（有内销业务的需要）。
6. 委托加工、外发加工出入库账（有委托加工、外发加工的需要）。

以上第1、2、4项三本账册是必须建立的，第3、5、6项三本账册根据企业自身的业务需要建立。

加工贸易项下进口的料件要实行专料专管、专料专账、专料专用原则。

**（二）财务建立专门会计账本专门管理**

海关要求企业的财务会计账簿必须真实、准确、完整地记录和反映企业的生产经营情况，包括货物的出入库、生产状态、销售情况等。

## 二、进出口操作人员对加工贸易手册的管理及账务平衡的处理

建立加工贸易手册执行情况追踪表,对各项进口料件及出口成品实行票票追踪原则,以防止超量与进不全的情况发生,从而影响手册的正常执行与核销。下面,用一个案例来诠释这个问题。

### 案例 3-6  加工贸易手册执行情况表

一本加工贸易手册已经办完,数据如表 3-18 所示,等待正式进出口。

### 案例分析

这个表主要由备案进口料件、备案出口成品、实际进口料件、实际出口成品、进出口余量及出口前数据分析六部分组成。

前四部分没有特别之处,只要按照申办手册的数据正确填写即可。需要特别交代的是进出口余量和出口前数据分析两部分。

进口余量 = 进口总量(备案总量)- 每次进口累积之和

出口余量 = 出口总量(备案总量)- 每次出口累积之和

每次进出口时,都要认真查看所需进出口各项剩余的数量是否够该次进出口所用,如果不够,要提前处理,时间来得及就办增量,如果时间来不及,多余的部分就要按一般贸易进出口。

出口前数据分析就是依据即将出口的数量,算出出口之前必须提前进口的出口成品所需料件的数量[计算公式:进口料件量 = 出口成品量 × 单耗 ÷ (1 - 损耗率)],这样会避免倒挂现象的发生。因为有些管理不规范的企业会串料,这样如果没有算好出口成品所对应的进口数量,就擅自出口,会给手册的核销带来麻烦。

(一)进口报关时对加工贸易手册的应用与账务管理

1. 代理授权。

如果企业需要代理报关,进口报关前需持本企业的法人卡、加工贸易手册

表 3-18 ××工程 C0801××××××执行情况表

| 进口序号 | 进口料件名称 | H.S.编码 | 规格型号 | 数量 | 单位 | 单价(USD) | 总值(USD) | 余量 | 发票号 | 进口数量 | 单价(USD) | 总值(USD) | 首次出口成品总耗 | 首次出口成品数量 | 首次须进口料件数量 | 进口料件可供出口次数 |
|---|---|---|---|---|---|---|---|---|---|---|---|---|---|---|---|---|
| 1 | 胶条 | 4016939000 | T3-A | 10 000 | 米 | 0.95 | 9 500.00 |  | IM-01 | 210.5 | 0.95 | 199.99 | 105.3 | 10 | 105.3 | 2 |
| 2 | 螺栓 | 7318150000 | T3-B | 10 000 | 个 | 0.20 | 2 000.00 | 9 789 |  | 210.5 |  |  |  |  |  |  |
| 3 | 螺母 | 7318160000 | T3-C | 20 000 | 个 | 0.10 | 2 000.00 | 10 000 |  | 0 |  |  |  |  |  |  |
| 合计 |  |  |  |  |  |  | 13 500.00 | 20 000 |  | 0 |  |  |  |  |  |  |

| 出口序号 | 出口成品 | H.S.编码 | 规格型号 | 数量 | 单位 | 单价(USD) | 总值(USD) | 余量 | | 成品数量 | 单价(USD) | 总值(USD) | | | | |
|---|---|---|---|---|---|---|---|---|---|---|---|---|---|---|---|---|
| 1 | 铝制玻璃幕墙单元 | 7610100000 | A-1 | 950 | 个 | 100.00 | 95 000 | 950 | | 0 | | | | | | |
| 2 | 铝制玻璃幕墙单元 | 7610100000 | A-2 | 500 | 个 | 200.00 | 100 000 | 500 | | 0 | | | | | | |

编号及代理报关企业的海关注册编码到所属海关进行授权,授权成功后,代理报关行才能代理报关,否则代理报关行在进出口地海关调不到加工贸易手册的备案数据。

2. 报关单据的准备。

进口料件的发票,进口料件的箱单,海运提单或空运运单,海关需要的其他单据。

**技巧分享**

委托报关的话,进口报关前必须对以下内容交代清楚:
(1) 进口所需加工贸易手册的海关编号。
(2) 进口料件所对应的加工贸易手册中的项号。
(3) 进口料件数量。
(4) 进口料件总值。

(二) 出口报关时对加工贸易手册的应用与账务管理

1. 报关需要代理报关的,仍需要代理授权,如果出口报关与进口报关时用的是同一家代理,就不用重复授权。所需准备的清关单据如下:
(1) 出口发票。
(2) 出口箱单。
(3) 出口核销单。
(4) 出口合同等海关需要的单据。

2. 出口前进口料件与出口成品对应的账务的平衡问题。

在出口前,一定要计算所进口的料件是否够所出口的出口成品的耗用,一旦不够用最好不要出口;如果实在要出口,一定要事先征得海关的同意。否则就是进口料件倒挂。关于倒挂的问题我们会在第六章第二节中讲述。

计算公式:所需进口料件量 = 出口成品量 × 单耗 ÷ (1 − 损耗率)

**案例 3 − 7　出口时所需进口料件的计算**

进口了 100 个螺栓,单耗 2 个,损耗 0.60 米胶条,单耗 1 米,损耗

0.5%，预计出口 50 个幕墙单元。此加工贸易手册中只有两项进口料件，即螺栓与胶条。

**案例分析**

我们先来计算分析所进口的料件是否满足出口成品的消耗：

进口螺栓量＝出口成品×单耗÷（1－损耗率）＝50×2÷（1－0）＝100 个

进口胶条量＝出口成品×单耗÷（1－损耗率）＝50×1÷（1－0.5%）＝50.25 米

第一次如果出口 50 个幕墙单元的话，所需的螺栓正好，所需的胶条也足够，还超过了 9.75 米，所以首次出口就可以放心操作了。

当然也可以反过来算进口的料件，能供出口多少出口成品。

计算公式：

出口成品量＝进口料件×（1－损耗率）÷单耗＝100×（1－0）÷2＝50
　　　　　＝60×（1－0.005）÷1＝59.7

# 第四章 加工贸易手册的变更

各企业之间的交易在不断变化，因此所签订的合同也是随之变化的。

对于已经在外经贸局与海关备过案的，即已经做过加工贸易手册的合同而且已经生效的，要受外经贸局的监督和海关的监管，那么企业获得的加工贸易批准证及加工贸易手册也必须随其变化，这就会引起加工贸易手册备案数据的变化，业内称为加工贸易手册的变更。哪些方面的变化，要受到监督和监管并且必须申请办理变更手续呢？下面将详细讲述。

## 第一节 加工贸易手册的增减项

增项，是指加工贸易手册中进口料件或出口成品种类的增加，即进口料件或出口成品在加工贸易手册中序号（项号）的增加。

通过增项的定义可以看出，增项分为进口料件的增项和出口成品的增项。

### 一、进口料件的增项及原因

（一）进口料件的增项

如表 4-1 所示，依据甲乙双方签订的合同，原组装细目表中列明 3 种进口料件，而且此数据已经取得加工贸易批准证书，并且在海关备案成功，海关已经给予了审批，此手册已经生效。

但是由于原定的垫圈为国产料件，不能满足国外客户的要求，要求改为其指定的国外厂商生产的，在这种情况下，如果一般贸易采购的话，会加大工程成本，清关速度也会受到影响，权衡利弊后，决定变更手册，在手册中增

表 4-1 原进口料件组装细目表

| 序号 | 出口成品 1450 | 单元（个）规格 | 单位 | 单元 A | 单元 B | 净耗 | 损耗 | 备案进口数量 | 实际进口数量 | 单价（USD） | 总值（USD） |
|---|---|---|---|---|---|---|---|---|---|---|---|
| | 进口料件 | | | 950 | 500 | | | | | | |
| 1 | 胶条 2428 | T3-07959 | 米 | 10 | 0 | 9500 | 0.05000 | 10000 | 10000 | 0.2 | 2000.00 |
| 2 | 螺栓 | T3-07947 | 个 | 0 | 20 | 10000 | 0.00000 | 10000 | 10000 | 3.00 | 30000.00 |
| 3 | 螺母 | T3-07991 | 个 | 0 | 40 | 20000 | 0.00000 | 20000 | 20000 | 3.00 | 60000.00 |

表 4-2 增项后进口料件组装细目表

| 序号 | 出口成品 1450 | 单元（个）规格 | 单位 | 单元 A | 单元 B | 净耗 | 损耗 | 备案进口数量 | 实际进口数量 | 单价（USD） | 总值（USD） |
|---|---|---|---|---|---|---|---|---|---|---|---|
| | 进口料件 | | | 950 | 500 | | | | | | |
| 1 | 胶条 2428 | T3-07959 | 米 | 10 | 0 | 9500 | 0.05000 | 10000 | 10000 | 0.2 | 2000.00 |
| 2 | 螺栓 | T3-07947 | 个 | 0 | 20 | 10000 | 0.00000 | 10000 | 10000 | 3.00 | 30000.00 |
| 3 | 螺母 | T3-07991 | 个 | 0 | 40 | 20000 | 0.00000 | 20000 | 20000 | 3.00 | 60000.00 |
| 4 | 垫圈 | T3-07992 | 个 | 0 | 40 | 20000 | 0.00000 | 20000 | 20000 | 3.00 | 120.00 |

加一项垫圈,如表4-2所示。

图中序号4,垫圈就是所增加的项,业内把此种行为叫做进口料件增项。

综上所述,进口料件增项,就是在已批加工贸易手册的基础上增加与备案进口料件不同名称的进口料件的过程。

(二)进口料件增项的原因

各公司经营范围不同,当然遇到的变化也不尽相同,但是万变不离其宗,总结起来各公司要求进口料件增项的原因有以下几点:

(1)设计风格发生变化,要求增加组装零件。
(2)产品的性能不符合国外客户的要求,要求改用其指定的产品。
(3)由于企业自身原因,如看错图纸漏掉部分零件或进出操作人员操作失误,遗漏申报。
(4)其他企业特殊情况。

(三)进口料件增项所需办理的手续

1. 企业内部的准备阶段。
(1)备案资料的准备工作,如表4-3所示。

表4-3 增项所需资料

| 手册种类 | 进料加工 | 来料加工 | 备注 |
| --- | --- | --- | --- |
| 需要准备的材料 | 增项申请 | 增项申请 | 此项进料加工与来料加工的相同,见表4-4 |
| | 进口采购变更合同<br>(purchase contract) | 来料加工变更合同<br>(supply contract) | 增加进口料件,除合同号及增加的进口料件的数量、单价、总价之外,其他内容都保持不变 |
| | 出口销售合同<br>(sales contract) | | 由于此次变更中出口合同没有任何变动,虽然增加了进口料件,但是出口产品中已经包括增项部分的成本,所以进料加工只提供原来的即可,来料加工要提供变更后的,见图4-1 |
| | 进口料件组装细目 | 进口料件组装细目 | 见表4-2 |
| | 生产流程图 | 生产流程图 | 一般不需要提供 |

**关于办理变更加工贸易业务批准证的申请**

致××市外经贸局:

  我公司是成立于××××年××月××日的外商投资企业。注册资本为××万美元,企业员工总数为××人,年生产能力为××万平方米。主要从事××××××××××××(营业执照经营范围)。

  我公司于××××年××月分别与××公司和××公司签订了销售合同及购货合同。增加进口料件具体明细如下:

表4-4 增项申请

| 序号 | 进口料件 | 单位 | 备案数量 | 备案单价<br>(USD) | 备案总值<br>(USD) |
|---|---|---|---|---|---|
| 1 | 垫圈 | 个 | 20 000 | 0.2 | 4 000.00 |

此项申请,请予以审批!

沈阳市A有限公司<br>×××年××月××日

---

**变更来料加工合同**

编号:200901-1

加工方(甲方):

名称:沈阳市×××有限公司

地址:沈阳市×××区×××工贸园

电话:024-×××××××

传真:024-×××××××

委托加工方(乙方):

名称:台湾×××有限公司

地址:台北县汐止镇×××号

电话:886-2-×××××××

传真:886-2-×××××××

  由于乙方将更改成品包装方式,双方经友好协商,乙方需增加原材料数量,用于甲方包装成品,特订立本合同。

该合同为200901号合同的补充合同,两者同时执行,同样具有法律效力。

第一条　加工内容

乙方向甲方提供加工业务所需的原材料,甲方将乙方提供的原材料加工成产品后交付乙方。

第二条　交货

乙方在合同期间,向甲方提供原材料,并负责运至甲方港口;甲方在收到原材料后的一年内将加工后的成品运至乙方港口。

第三条　来料数量及价格

| 序号 | 商品名称 | 数量 | 单位 | 单价(美元) | 总值(美元) |
|---|---|---|---|---|---|
| 1 | 吊牌 | 20 591.00 | 个 | 0.020 | 411.82 |
| 合计 | | | | | 411.82 |

第四条　加工数量及价格

该加工费是依据合同订立时中国国内和国外劳务费用而确定的,故在中国变化时,双方将另行议定。此次变更由于工艺非常简单,工缴费不变。

| 序号 | 产品名称 | 数量 | 单位 | 单价(美元) | 总值(美元) | 工缴费(美元) |
|---|---|---|---|---|---|---|
| 1 | 发刷13X | 10 000 | 支 | 0.56 | 5 600.00 | 4 050.00 |
| 2 | 发刷15X | 10 591 | 支 | 0.56 | 5 930.96 | 4 289.35 |
| 总计 | | | | | 11 530.96 | 8 339.35 |

第五条　付款方式

乙方将不作价的原材料运交甲方;在甲方向乙方交付本合同产品前1个月,乙方通过T/T方式付给甲方指定的银行。

第六条　来料及成品的装运口岸,交货期及地点

　　　　装运口岸:沈阳、大连　　　交货地点:台湾

　　　　来料日期:2009年7月　　　交货日期:2010年6月前

第七条　合同的有效期

本合同的有效期为一年。

> 第八条 运输与保险
> 　　乙方将原材料运交甲方的运费和保险费由乙方负责，甲方将本合同产品运交乙方的运费和保险费由甲方负责。
> 第九条 不可抗力
> 　　由于战争和严重的自然灾害以及双方同意的其他不可抗力引起的事故，致使一方不能履约时，该方应尽快将事故通知对方，并与对方协商延长履行合同的期限。由此引起的损失，对方不得提出赔偿要求。
> 第十条 仲裁
> 　　本合同在执行期间，如发生争议，双方应本着友好方式协商解决。如未能协商解决，提请中国沈阳市仲裁委员会进行仲裁。仲裁适用法律为：
> 　　1. 中华人民共和国加入的国际公约、条约；
> 　　2. 中华人民共和国法律；
> 　　3. 在中国法律无明文规定时，适用国际通行的惯例；
> 　　4. 仲裁裁决为终局裁决，仲裁费用由败诉一方承担。
> 第十一条 合同条款的变更
> 　　本合同如有未尽事宜，或遇特殊情况需要补充，变更内容，须经双方协商一致。
> 　　甲方签字：　　　　　　　　　　　乙方签字：

图4-1 来料加工变更合同

（2）加工贸易网的录入流程。

①登录加工贸易网。点击IE浏览器，输入加工贸易网址，点击"进入"，如图4-2所示。

②点击加工贸易批准证，如图4-3所示。

③录入企业用户登录名及密码，如图4-4所示。

④点击已批合同，搜索原来的申请文号、合同批准证号、进口合同号、出口合同号，都可以找到原来的合同。本书以申请文号搜索为例。

需要提醒的是，如果不确定已办合同申报日期，那么在"只是显示"一栏中要选择"全部"，这样才不至于搜索失败，如图4-5所示。

⑤搜索到所需合同后，点击右侧变更一栏中的变更，如图4-6所示。

⑥在录入变更原因之前先录入新的申请文号，这个文号是自行编写的。原合同的申请文号为2011-JM-E。

第四章 加工贸易手册的变更 | 117

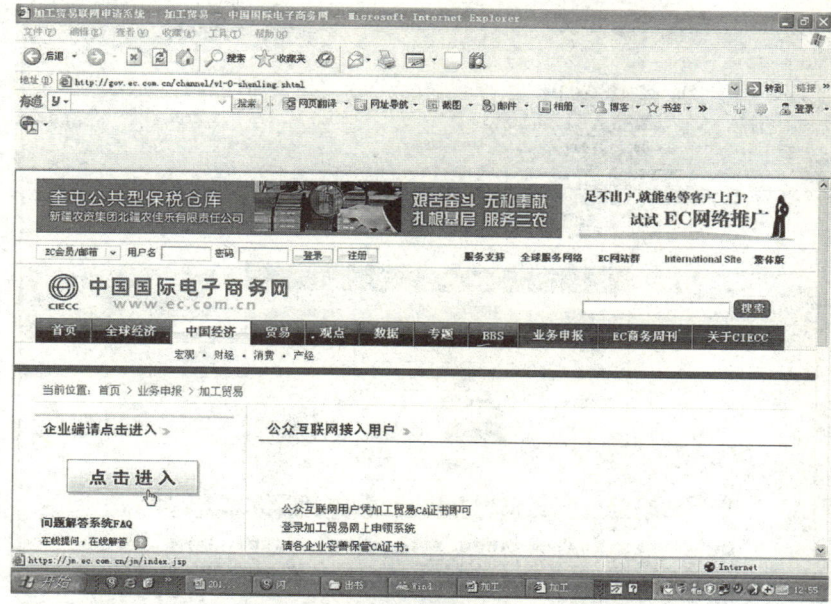

图 4-2 进入加工贸易批准证申办系统

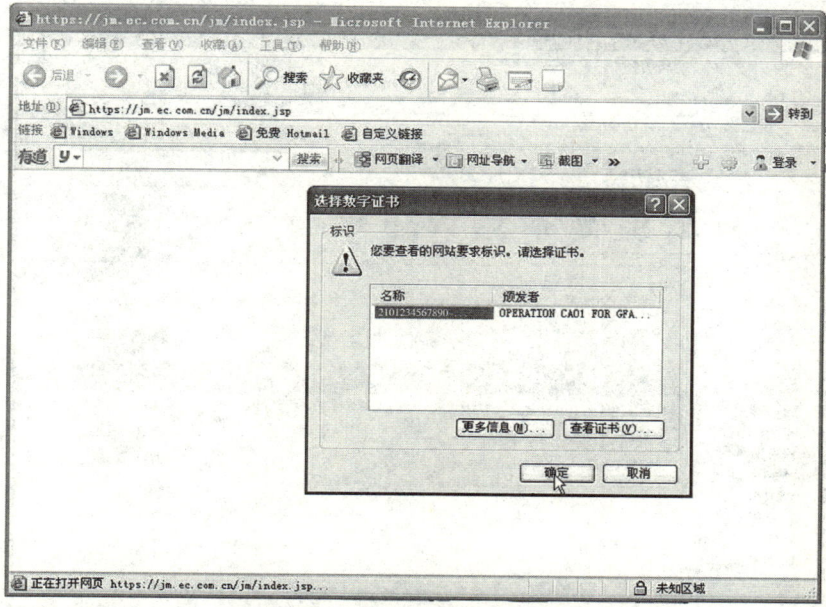

图 4-3 选择数字证书

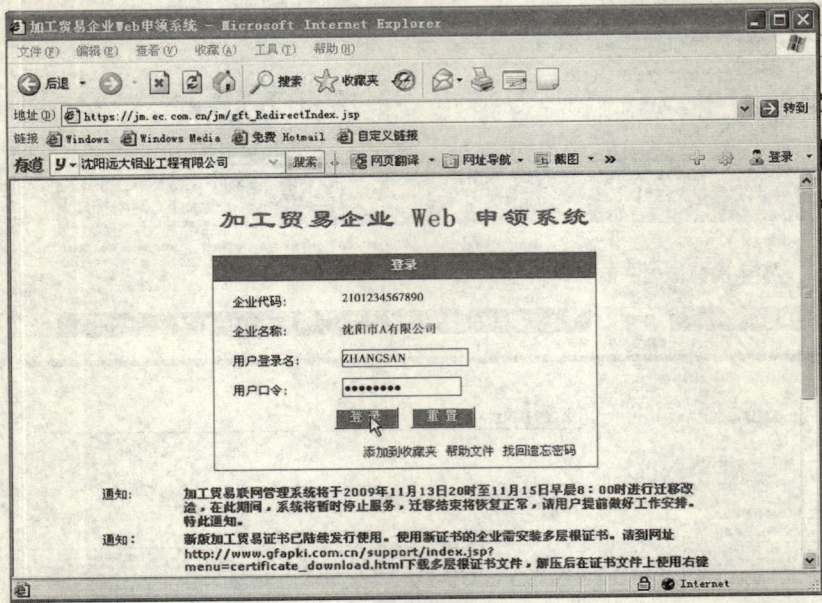

图 4-4  输入登录信息

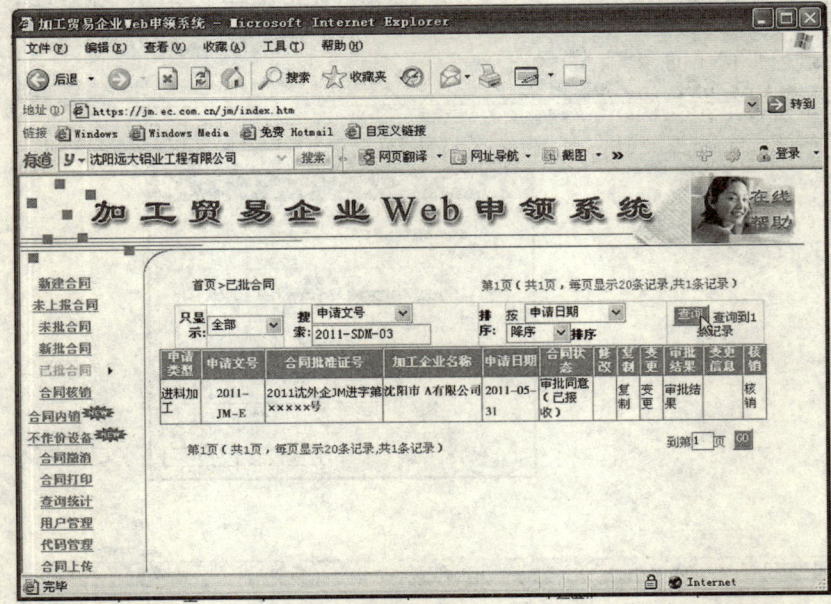

图 4-5  搜索要增项的合同

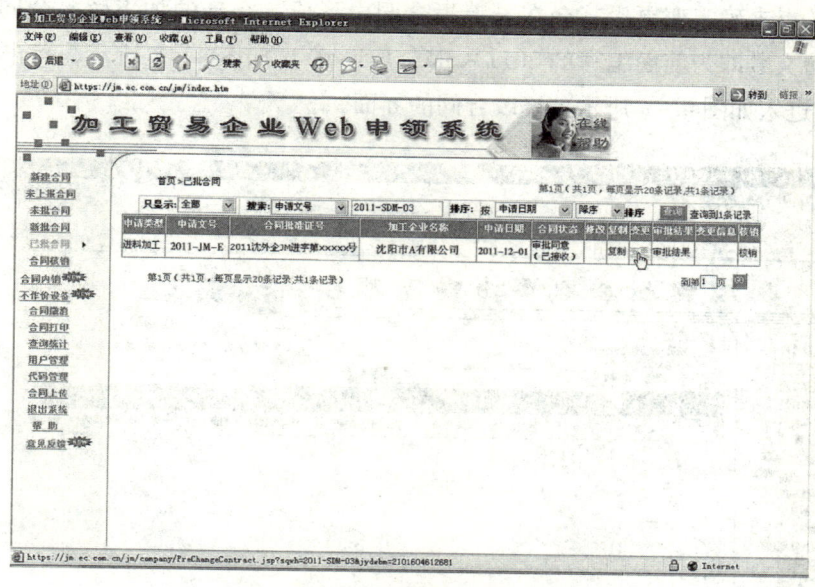

图 4-6　点击变更指令

那么，第一次变更的申请文号我们就可编为 2011 - JM - E - 01，以此类推，以便随着录入合同的增多，不会把各个合同弄混，如图 4-7 所示。

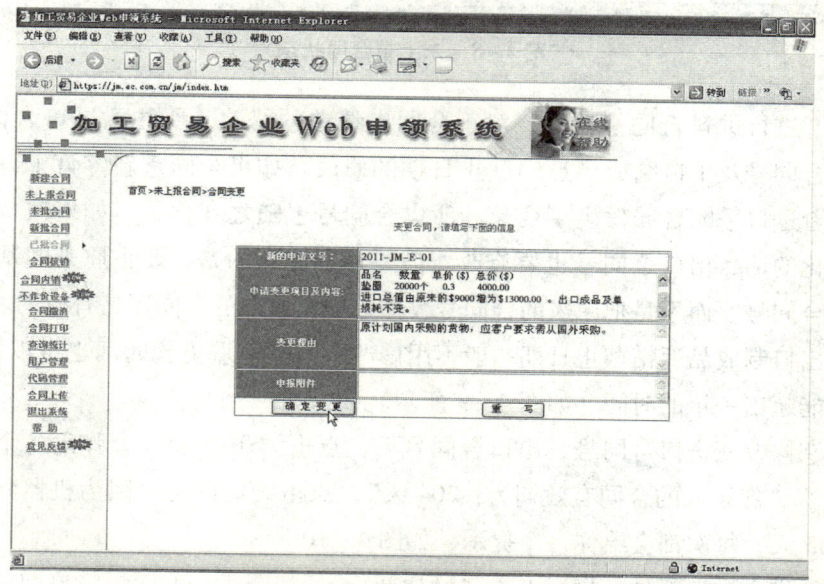

图 4-7　变更信息

⑦点击确定变更后，会在未上报合同中形成一个新的加工贸易合同，此时申请文号即为前面编写的 2011 – JM – EE – 01，如图 4 – 8 所示，点击"修改"，进入如图 4 – 9 所示，修改合同的界面。

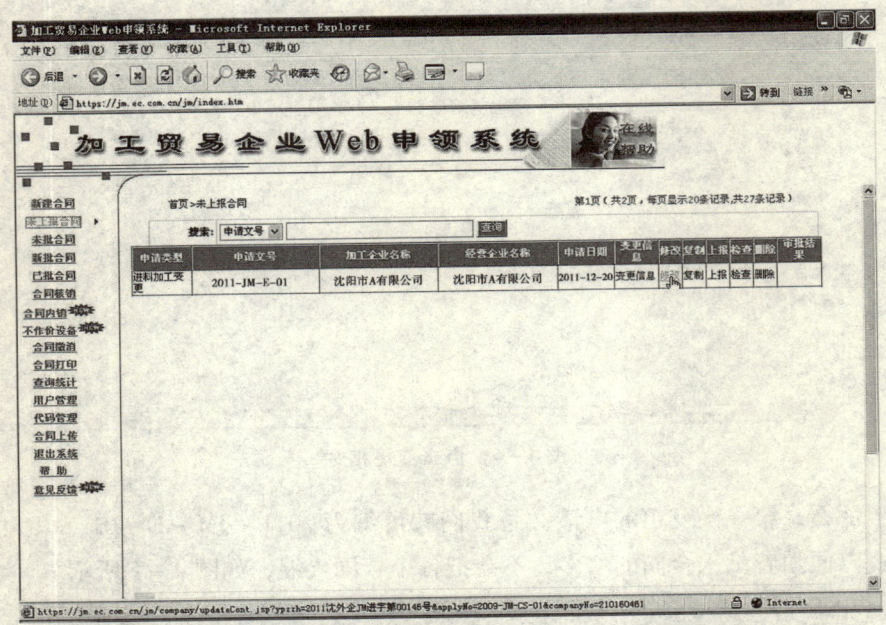

图 4 – 8　未上报合同状态

⑧进行进料合同修改时，对于合同申请单的修改，要注意进口合同号、出口合同号及出口制成品返销截止日期的修改。如果合同重新签订了，那就意味着进口采购合同发生了变化，所以合同号也随之变化了。如果出口制成品变化的话，出口合同号也要修改。需要特别注意的是，要在原来的基础上增加合同号，而不是把原来的合同号改掉，毕竟原来的合同还是有效的。

出口制成品返销截止日期一般不用修改，为了争取更长时间也可以修改，但不能超出一年的时间，如图 4 – 9 所示。

⑨修改完进口合同号、出口合同号后，点击"下一步"会弹出一个对话框，即"您录入的合同有效期为：204 天"，点击确定即可，因为机器默认的是 365 天，每次都会给你一个提示，如图 4 – 10 所示。

⑩进入进口料件一栏，点击"增加新行"，如图 4 – 11 所示将要增项的内容录入表中，然后点击"保存"。进入下一栏信息的录入，因为本项增项只增

第四章 加工贸易手册的变更 | 121

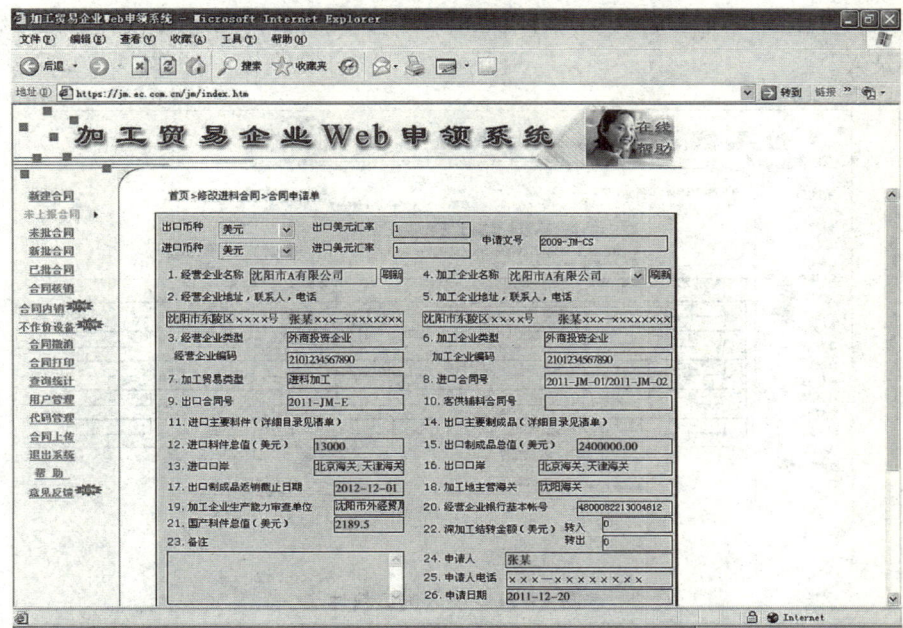

图 4-9　合同申请单

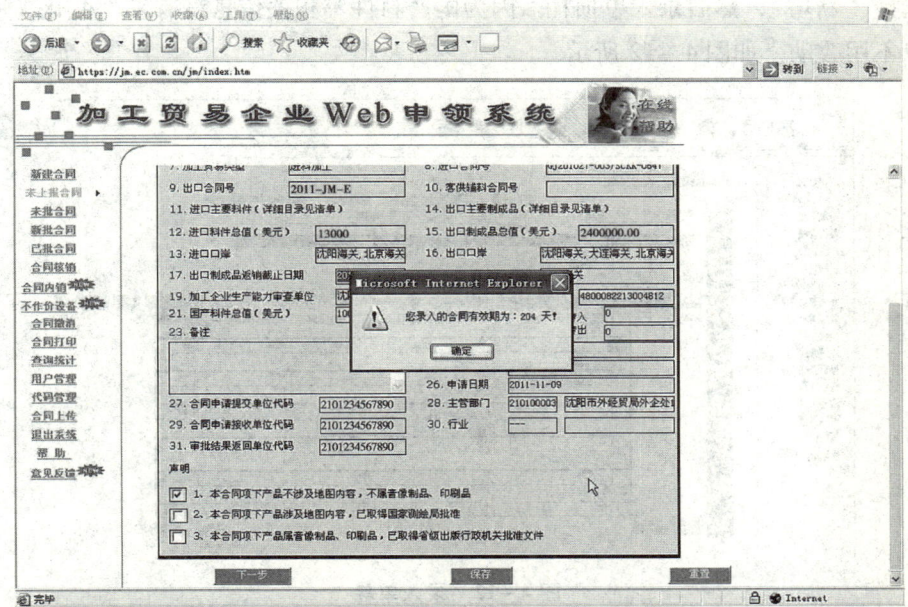

图 4-10　有效期提示

进口料件未增出口成品,所以出口成品一栏不需理会,直接进入下一栏单耗的录入。

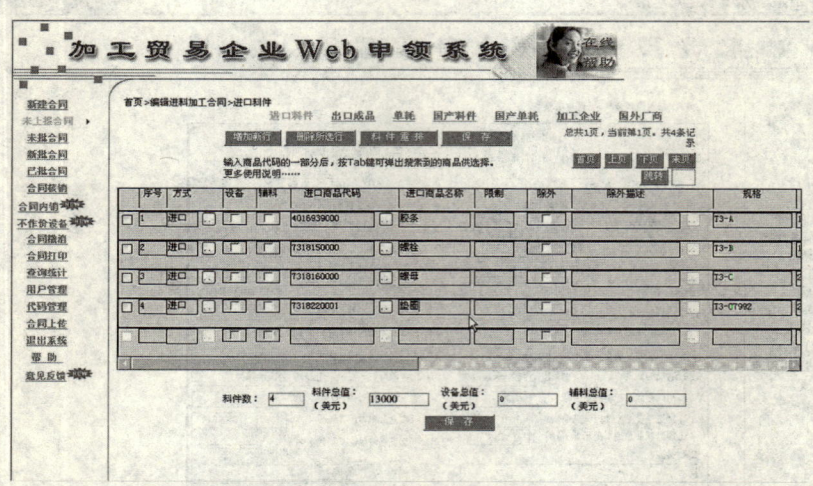

图 4-11  录入进口料件

⑪单耗的录入,选择单耗发生变化的那项出口成品,点击"增加新行",选择"新增",然后录入单损耗。因为国产料件等相关信息没有发生变化,所以不用改动,如图 4-12 所示。

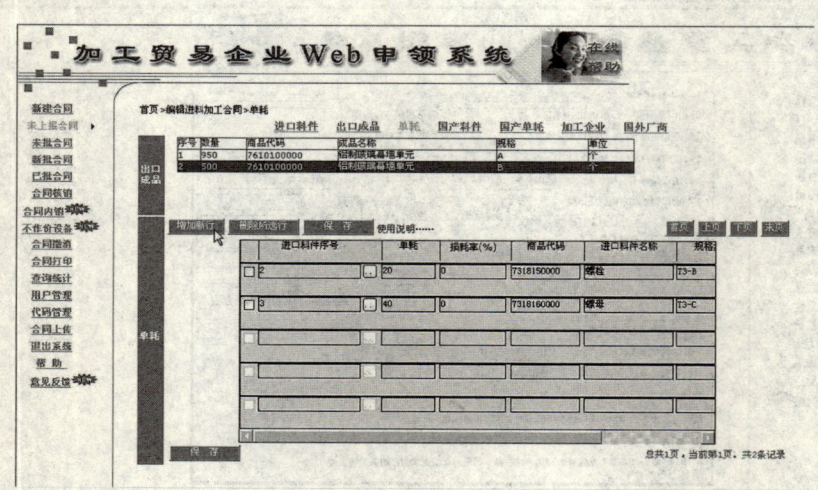

图 4-12  录入单耗

⑫所有数据都录入完毕后,进入检查系统进行检查,看所录入的信息是

否正确、进口料件是否有余量。如果有余量的话，要重返回表中检查原因；如果没有余量，或者有余量也接近忽略不计的程度，那就进行下一步合同的打印，如图4-13所示。

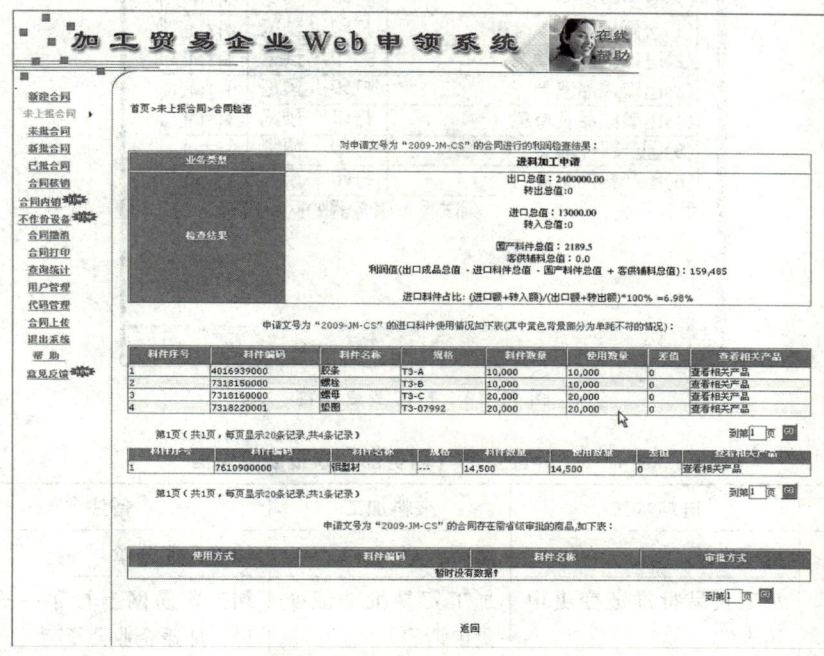

图4-13 进行检查

13）合同打印只需打印变更的表格，未变更的无须打印，如图4-14所示。

变更申请表：

①合同批准证申请表。

②进口料件清单。

③出口成品及单耗。

14）核对完所有数据并完成打印后，即可网上申报。这一项与新合同申请是相同的，要注意是选择进料加工还是来料加工。如果选择错误的话，会耽误数据审核。

2. 外经贸局（商务部）加工贸易批准证的审批阶段。

（1）准备提交外经贸局的单据，如表4-5所示。

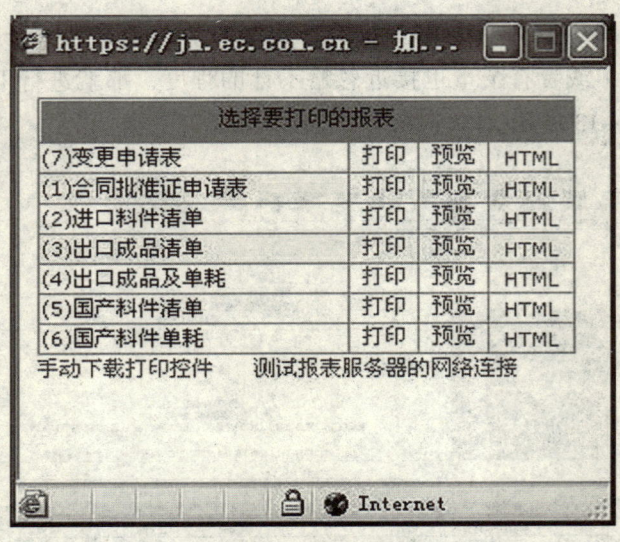

图4-14 打印变更内容

表4-5 外经贸局（商务部）审批所需单据

| 序号 | 进料加工 | 来料加工 | 备注 |
|---|---|---|---|
| 所需单据 | 增项申请 | 增项申请 | 加盖企业公章 |
| | 加工贸易批准证变更申请表 | 加工贸易批准证变更申请表 | 加工贸易网上打印一式三份，加盖企业公章 |
| | 加工贸易批准证申请表 | 加工贸易批准证申请表 | 加工贸易网上打印一式三份，加盖企业公章 |
| | 进口料件明细表 | 进口料件明细表 | 加工贸易网上打印一式四份，加盖企业公章 |
| | 进口料件与出口成品单损耗对照表 | 进口料件与出口成品单损耗对照表 | 加工贸易网上打印一式四份，加盖企业公章 |
| | 进口采购变更合同 | 来料加工变更合同 | 双方签字盖章 |
| | 出口出口销售合同 | | 本次出口合同未变更，只提供原来新办的手册合同即可 |
| | 加工贸易企业生产能力证明复印件 | 加工贸易企业生产能力证明复印件 | 加盖企业公章 |
| | 工艺流程图 | 工艺流程图 | 一般不会作要求，视各地海关的要求而定 |

注：出口成品申请备案清单不需提供，因为此次变更中未涉及出口成品的变更。

（2）呈递以上表格所列单据交外经贸局（商务部）外经贸科，工作时限1~2天。如果单据齐全、符合标准，当天或次日即可颁发加工贸易批准证书。同时对于上述的两份资料，除合同外加盖外经贸局的业务专用章返给企业，留作企业进行下一步业务的办理，另外一份存档，此过程没有费用产生。

3. 海关保税科手册的审批阶段。

（1）准备呈递海关单据，如表4-6所示。

表4-6 海关审批所需单据

| 序号 | 进料加工 | 来料加工 | 备注 |
|---|---|---|---|
| 所需单据 | 增项申请 | 增项申请 | 加盖企业公章 |
| | 加工贸易变更批准证 | 加工贸易变更批准证 | 由外经贸局打印的，并加盖其业务专用章（一式两份） |
| | 加工贸易批准证变更申请表 | 加工贸易批准证变更申请表 | 经外经贸局（商务部）批准的，加盖企业公章及外经贸局业务专用章（一式两份） |
| | 加工贸易批准证变更申请表 | 加工贸易批准证变更申请表 | 经外经贸局（商务部）批准的，加盖企业公章及外经贸局业务专用章（一式两份） |
| | 进口料件明细表 | 进口料件明细表 | 经外经贸局（商务部）批准的，加盖企业公章及外经贸局业务专用章（一式两份） |
| | 进口料件与出口成品单损耗对照表 | 进口料件与出口成品单损耗对照表 | 经外经贸局（商务部）批准的，加盖企业公章及外经贸局业务专用章（一式两份） |
| | 进口采购变更合同 | 来料加工变更合同 | 双方签字盖章 |
| | 出口出口销售合同 | | 双方签字盖章 |
| | 加工贸易企业生产能力证明复印件 | 加工贸易企业生产能力证明复印件 | 加盖企业公章 |
| | 工艺流程图 | 工艺流程图 | 一般不会作要求，视各地海关的要求而定 |

（2）海关备案数据的录入。

同办手册的程序一样，如果企业有自己的报关员可以自己办理，如果没有的话可以找代理，此过程一般会产生50元的录入费。如果找代理的话，一般要收 150 元的代理费。

（3）海关关员签字。此过程仍然遵循两级审批金额、三级审批金额的原则，手册变更的话，海关关员一般不会下厂检查，通常都是根据提供的单据进行审批。如果金额不大，通常两个工作日就可以完成。

（4）增项仍然要产生保证金台账，海关前台关员打制银行台账开设联系单。

（5）交保证金台账，空转的企业交 100 元手续费即可，实转企业需交保证金，保证金金额为该项料件应缴税款的金额。

（6）将银行台账开设通知单交给海关，海关关员将电子数据过机，企业则可报关，使用手册数据了。

## 二、出口成品的增项及原因

出口成品增项，顾名思义是指增加出口成品的项数，即增加出口成品的种类。

（一）出口成品的增项

出口成品的增项分以下两种情况：

1. 由于增加进口料件而增加的出口成品，如表 4-7 所示。

表 4-7 进口料件组装细目表

| 序号 | 出口成品 | 1450+500=1950 | 个单位 | 成品1单元A | 成品2单元B | 成品3单元C | 净耗 | 损耗 | 备案进口数量 | 实际进口数量 |
|---|---|---|---|---|---|---|---|---|---|---|
| | 进口料件 | 规格 | 位 | 950 | 500 | 500 | | | | |
| 1 | 胶条2428 | T3-07959 | 米 | 10 | 0 | 0 | 9500 | 0.05000 | 10000 | 10000 |
| 2 | 螺栓 | T3-07947 | 个 | 0 | 20 | 0 | 10000 | 0.00000 | 10000 | 10000 |

续表

| 序号 | 出口成品 | 1450 + 500 = 1950 | 个 | 单位 | 成品1单元A | 成品2单元B | 成品3单元C | 净耗 | 损耗 | 备案进口数量 | 实际进口数量 |
|---|---|---|---|---|---|---|---|---|---|---|---|
| 3 | 螺母 | T3-07991 | 个 | | 0 | 40 | 0 | 20000 | 0.00000 | 20000 | 20000 |
| 4 | 垫圈 | T3-07992 | 个 | | 0 | 0 | 40 | 20000 | 0.00000 | 20000 | 20000 |

注：灰色代表增项部分。

2. 进口料件不变，原有进口料件单耗变化，从而导致出口成品的增项，如表4-8所示。

表4-8 进口料件组装细目表

| 序号 | 出口成品 | 1950 | 个 | 单位 | 成品1单元A | 成品2单元B | 成品3单元C | 净耗 | 损耗 | 备案进口数量 | 实际进口数量 |
|---|---|---|---|---|---|---|---|---|---|---|---|
| | 进口料件 | 规格 | | 位 | 950 | 500 | 500 | | | | |
| 1 | 胶条2428 | T3-07959 | 米 | | 10 | 0 | 0 | 9500 | 0.05000 | 10000 | 10000 |
| 2 | 螺栓 | T3-07947 | 个 | | 0 | 15 | 5 | 10000 | 0.00000 | 10000 | 10000 |
| 3 | 螺母 | T3-07991 | 个 | | 0 | 25 | 15 | 20000 | 0.00000 | 20000 | 20000 |

注：灰色代表增项部分。

（二）出口成品增项的原因

1. 采购计划发生改变，增加成品种类，但同时也需要增加进口料件，如表4-7所示。

2. 设计风格发生改变，增加成品种类，但是不需要增加进口料件，如表4-8所示。

## （三）出口成品增项所需办理的程序

出口成品增项加工贸易系统的录入与进口料件增项的录入相同，只是进口料件不变，在出口成品栏增加新行，录入新一项出口成品。

录入单损耗时不要忘记，除了录入新增出口成品的单损耗外，还要更改原来出口成品的单损耗。

此时，仍然需要检查并进行合同打印，合同打印时，由于进口料件没有变化，所以不需打印，只需打印以下文件：

（1）加工贸易批准证变更申请表。
（2）加工贸易批准证申请表。
（3）出口成品清单。
（4）进口料件与出口成品单损耗对照表。

变更数据的网上提交及外经贸局、海关与银行的手续和新办手册及增进口料件的手续基本一致，只是提供的材料稍有差别。

## 三、加工贸易手册的减项

有增就有减，加工贸易手册减项没有增项那么复杂，但是也要视情况而定。

1. 减进，不减出，即只减少进口料件的项数，不减少出口成品的项数。此举无须提前向海关申请，只要在手册报核时说明情况即可。

### 案例 4-1　进口料件减项，出口成品不变

如表 4-1 所示，国外客户指出第 3 项螺母可以在我国国内采购并进行安装，成品 1 与成品 2 数量不变，如表 4-9 所示。

### 案例分析

进口料件减项，前提是所减项必须没有进口记录，否则在出口前要事先

表 4-9 减项后的进口料件组装细目表

| 序号 | 出口成品 | 1450 | 栏单元 规格 | 单位 | 成品1 单元 A | 成品2 单元 B | 净耗 | 损耗 | 备案进口数量 | 实际进口数量 | 单价 (USD) | 总值 (USD) |
|---|---|---|---|---|---|---|---|---|---|---|---|---|
| | 进口料件 | | | | | | | | | | | |
| 1 | 胶条 2428 | T3-07959 | 规格 | 米 | 950 | 500 | 9500 | 0.05000 | 10000 | 10000 | 0.2 | 2000.00 |
| 2 | 螺栓 | T3-07947 | | 个 | 10 0 | 0 20 | 10000 | 0.00000 | 10000 | 10000 | 3.00 | 30000.00 |

表4-10 原进口料件组装细目表

| 序号 | 出口成品 | 个单元 1950 | 进口料件 | 单位 | 规格 | 成品1 单元A | 成品2 单元B | 成品3 单元C | 净耗 | 损耗 | 备案进口数量 | 实际进口数量 | 单价（USD） | 总值（USD） |
|---|---|---|---|---|---|---|---|---|---|---|---|---|---|---|
| 1 | 胶条2428 | | | 位 | 规格 | 950 | 950 | 500 | 500 | | | | | |
| 2 | 螺栓 | | T3-07959 | 米 | | 10 | 0 | 0 | 9500 | 0.05 | 10000 | 10000 | 0.2 | 2000.00 |
| 3 | 螺母 | | T3-07947 | 个 | | 0 | 20 | 0 | 10000 | 0.00 | 10000 | 10000 | 3.00 | 30000.00 |
| 4 | 垫圈 | | T3-07991 | 个 | | 0 | 40 | 0 | 20000 | 0.00 | 20000 | 20000 | 3.00 | 60000.00 |
| | | | T3-07992 | 个 | | | | 40 | 20000 | 0.00 | 20000 | 20000 | 3.00 | 120.00 |

表4-11 减项后进口料件组装细目表

| 序号 | 出口成品 | 个单元 1450 | 进口料件 | 单位 | 规格 | 成品1 单元A | 成品2 单元B | 净耗 | 损耗 | 备案进口数量 | 实际进口数量 | 单价（USD） | 总值（USD） |
|---|---|---|---|---|---|---|---|---|---|---|---|---|---|
| 1 | 胶条2428 | | | 位 | 规格 | 950 | 500 | 9500 | 0.050 | | | 0.2 | 2000.00 |
| 2 | 螺栓 | | T3-07959 | 米 | | 10 | 0 | 10000 | 0.00 | 10000 | 10000 | 3.00 | 30000.00 |
| 3 | 螺母 | | T3-07947 | 个 | | 0 | 20 | 20000 | 0.00 | 10000 | 10000 | 3.00 | 60000.00 |
| | | | T3-07991 | 个 | | 0 | 40 | | | 20000 | 20000 | | |

向海关申请,征得海关同意后才能正常出口。至于该本手册的核销,将在第七章"加工贸易手册的核销"中详细阐述。

2. 减进,也减出,即进口料件的项数减少,出品成品的项数也随之减少。

**案例 4-2　进口料件减项,出口成品也减项**

如表4-10所示,如果国外客户指出第4项的垫圈改为由其在国内采购并到现场安装,因此成品2也随之退出加工贸易的舞台,改成一般贸易了,如表4-11所示。

**案例分析**

此种情况也无须提前向海关申报,等报核时说明,详细解决办法在第七章中作详细分解。应该特别注意的是,所减项一定不要有进口记录,否则核销时会比较麻烦。

# 第二节　加工贸易手册的增减量

## 一、加工贸易手册的增量

加工贸易手册的增量,即进口料件及出口成品的数量的增加。一般在下面情况下可以办理加工贸易手册的增量:

1. 进增量,出也增量,即进口料件的数量增加,其对应的出口成品的数量也随之增加,可以是一项进口料件增量,也可以是多项进口料件同时增量;可以是进口料件所对应的一项成品数量增加,也可以是进口料件对应的多项出口成品增量。

(1) 对于进料加工而言,此项变化,会增加进出口合同金额,收益也会随之增加。

(2) 对于来料加工而言,此项变化,由于进出数量的增加,加大业务量,所以加工费肯定会有所增加,否则就会有所损失。

**案例 4 – 3　进口料件增量，出口成品也增量**

原进口料件螺栓、螺母的数量分别是 10 000 个、20 000 个，出口成品 2 是 500 个单元。相对应的单耗分别为 20、40，损耗为 0，如图 4 – 1 所示。现出口成品需增加 500 个单元，单耗不变，进口料件螺栓、螺母分别需增加 10 000 个、20 000 个，如表 4 – 12 所示。

表 4 – 12　增量后进口料件组装细目表

| 序号 | 出口成品 | 1450 | 单元（个） | 单位 | 单元 A | 单元 B | 净耗 | 损耗 | 备案进口数量 | 实际进口数量 |
|---|---|---|---|---|---|---|---|---|---|---|
|  | 进口料件 | 规格 |  | 位 | 950 | 1000 |  |  |  |  |
| 1 | 胶条 2428 | T3 – 07959 |  | 米 | 10 | 0 | 9500 | 0.05000 | 10000 | 10000 |
| 2 | 螺栓 | T3 – 07947 |  | 个 | 0 | 20 | 20000 | 0.00000 | 20000 | 20000 |
| 3 | 螺母 | T3 – 07991 |  | 个 | 0 | 40 | 40000 | 0.00000 | 20000 | 20000 |

 **案例分析**

增加出口成品，在单耗不变的情况下，必须增加进口料件，其他的情况下视具体情况详细分析。

2. 进增量，出不增量，单耗或（和）损耗增大。

进口料件增加，出口成品不变，此时只有两种可能：

（1）有损耗的。损耗不变，单耗增大；单耗、损耗同时变大；损耗变小，单耗变大。

（2）没有损耗的。只有单耗变大。

3. 进不增量，出增量，单耗或（和）损耗变小。

进口料件不增加，但出口成品增加，在这种情况下也只有两种情况：

（1）有损耗的。损耗不变，单耗变小；损耗变小，单耗不变。

（2）没有损耗的。只有单耗变小。

4. 进口料件增量，出口成品原来不耗用，现在耗用。

进口料件增量，出口成品的某一项原来不耗用需要增量的进口料件，现需要耗用所增量的进口料件。

以进增量，出也增量为例，在加贸系统中录入，由于前面关于系统登录、变更信息的录入及变更申请表的录入已经有所阐述，所以此例我们只阐述特例部分。

登录加贸系统后，到已批合同中找到所需变更的合同，然后点击"变更"，填写新的申请文号，说明变更即增量的原因与所需增量的内容。注意此处必须标明原合同的进口料件及出口成品金额、增加的金额、增量后合同的进口金额及出口金额。写清楚后点击"确定"，进入修改合同的界面。

合同申请单的录入仍然要注意在原进口合同号和出口合同号的基础上加上新增的合同号。

进口料件的修改要注意不是增加新行，而是在原有的数据基础上进行修改，如图 4 – 15 所示。

图 4 – 15　进口数量的录入

把进口料件中第 2 项的数量由原来的 1 000 个改为 2 000 个，总值也要相应地改变。

修改完进口料件并保存后，进行出口成品的修改，仍然不需增加新行，在原有数据的基础上进行修改，即将原来的 500 个改为 1000 个，如图 4 – 16 所示。

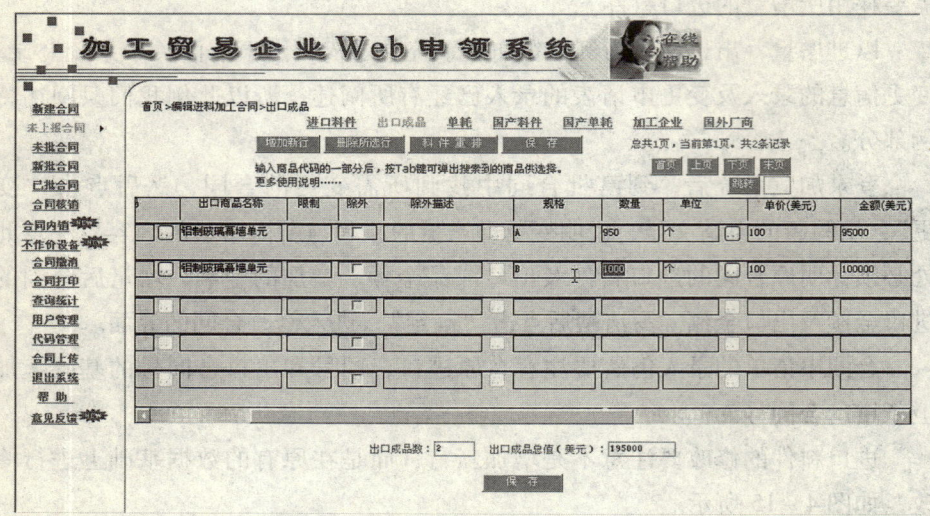

图 4-16 出口成品数量的录入

出口成品修改完毕后，保存。由于此次修改，单损耗不发生变化，所以直接进入检查系统进行检查。检查无误后进行合同的打印，仍然是打印变动过的部分。

接下来的办理程序与前面讲述的其他变更办理程序相同，在此不再赘述。

## 二、加工贸易手册的减量

加工贸易手册的减量与加工贸易手册的减项相同，在合同执行阶段无须进行申报，只有在合同执行完毕，向海关报核时，说明减量的原因，提供充分的证明材料。

### （一）进口料件减量

原计划全部进口的料件，有一部分在国内采购了，那么在手册核销时需要提供国内采购的发票。

备案时单损耗偏大，实际生产的单损减小，所以进口料件减量。

### （二）出口成品减量

合同发生变化，进口料件减少，出口成品也减少。

备案时单损耗偏小，实际生产中单损耗增大，所能加工的出口成品减少。

## 第三节　加工贸易手册的延期与增加进出口口岸

### 一、加工贸易手册的延期

加工贸易手册（进料加工贸易手册和来料加工贸易手册）的延期，即加工贸易手册有效期限的延展。加工贸易手册的展期必须在手册有效期到期前到外经贸局与海关申请延期，否则，即使手册未执行完毕，手册也失去效力，剩余部分必须重新办理手册，或者以一般贸易的形式进出口。

加工贸易手册的有效期限为一年，但是防止在一年内完成不了，海关允许一本手册延期两次，一次为半年。

 **技巧分享**

由于变更手册手续非常烦琐，建议企业如果在办理超过一年执行期的大合同的情况下，最好分期分几本加工贸易手册来做。比如，1 000万元的大合同，合同执行期为三年（若从2009年1月1日~2012年1月1日，如果一次性一本手册，按2009年1月1日来办理的话，有效期限为2010年1月1日。再展两次期的话，也只能争取一年的时间。如果按分期多本手册的办法来办理，第一本手册先按300万元来做，从2009年1月1日开始办理，有效期至2010年1月1日；第二本按300万元来做，从2009年12月1日办理，有效期为2010年12月1日；第三本按300万元来做，从2010年11月1日开始办理，有效期为2011年11月1日，那还有剩余的100万元按照从2011年10月1日开始办理，有效期到2012年10月1日止。这样的话，即使合同执行期限延期，我们还能争取到9个月的时间。如果第四本手册还需要延期的话，那么至少争取到一年零九个月的时间。当然，每本手册在有效期限内还可以申请延展半年到一年的时间，不至于太被动。

加工贸易手册展期也要做好"三个准备"工作：

## （一）企业内部的准备工作

1. 写延期申请，编写变更合同。

延期申请分别写给外经贸局与海关，要说明延期的原因及延期的期限。办理延期申请时一定要在手册有效期之前，如果超出有效期再申请延期，就会很麻烦，如图 4-24 所示。

合同方面，只需更改出口销售合同的合同号及最迟装运期，其他内容不变。

**延期申请**

致××市外经贸局：

我公司是成立于×××年××月××日的外商投资企业。注册资本为××万美元，企业员工总数为××人，年生产能力为××万平方米。主要从事××××××××××（营业执照经营范围）。

我公司于 2009 年 2、3 月份分别与××公司和××公司签订了销售合同及购货合同。

手册号为：C080193×××××，现在由于工程的工期延长，我公司的交货时间随之延后，特申请变更手册的有效期，由原来的 2010 年 1 月 11 日变更为 2010 年 7 月 11 日。手册的其他内容不变。

此项申请，请予以审批！

沈阳市 A 有限公司<br>2009 年 12 月 11 日

2. 加工贸易系统的录入。

加工贸易手册的延期也是加工贸易手册的一次变更，所以加工贸易系统的录入与上文叙述的一样，这里不详细论述，只强调以下几点：

（1）按照延期申请的内容，填写系统中变更的内容及原因。

（2）更改出口合同号。

（3）按照延期申请填写出口返销截止日期。

3. 打印系统数据，并加盖企业公章。
（1）加工贸易批准证变更申请表。
（2）加工贸易批准证申请表。

注：因为此次变更除了出口返销截止日期变更以外，没有任何变化，所以其他内容不需打印。当然一切都要以当地外经贸局（商务部）或海关的要求为准。如果以上两个部分需要提供全套单据，那就要按照其要求去做。

（二）外经贸局的准备工作

需提供的单据：
（1）延期申请表（一式一份）。
（2）变更销售合同（一式三份）。
（3）加工贸易批准证变更申请表（一式三份）。
（4）加工贸易批准证申请表（一式三份）。

此阶段只要数据齐全、准确，半个工作日即可完成，并下发加工贸易业务变更批准证，此过程没有任何费用产生。

（三）海关的准备工作

此过程仍然像办理新手册的手续一样，分为自理和代理两种情况。此过程如果自理的话，会产生50元的录入费用，台账变更的话要交纳100元的台账变更手续费。如果是代理的话，还要额外产生150~200元的代理费。

## 二、增加修改进出口口岸

这种情况一般很少见，因为在手册备案时已经尽可能地把进出口口岸备得很全了，一旦要增加口岸的话，加工贸易系统的录入与加工贸易手册其他变更情况的程序一样，只是本次变更，除了录入变更内容与原因以外，还有两处需要强调一下：
（1）增加或修改进口口岸，就在每项进口料件最后一栏添加所需增加的口岸或更改所需更改的口岸。
（2）增加或修改出口口岸的，同样在每项出口成品的最后一栏添加所需增加的口岸或更改所需更改的口岸。

 **技巧分享**

不可变更的内容如下：

1. 如果进口料件或出口成品已经有进口或出口记录了，那么与进口料件或出口成品有关的内容就不可以变动。例如，手册备案时进口料件单位按"个"备的，而且此项已经进口一部分了，此时发现应按"千克"备案更科学，虽然如此，海关的数据是不允许变动了。因为这样，会影响海关的监管。

2. 一本手册在有效期内，进口料件与出口成品已经进出完毕，但是发现原来备案时单耗或损耗备小了，实际生产要比备案时大，比如，备案时一个单元要用2个螺栓，可是实际生产中要耗用4个螺栓，也就是单耗要由小变大，这是加工贸易的大忌，一般海关是不允许的。

### 三、台账的变更问题

延期，涉及台账需延期，相应的台账也会发生变化，所以需要到银行办理台账变更手续。

口岸的变更不会影响到金额，也不会影响到加工贸易手册的使用期限，所以台账不会发生变化，不需变更。

对于金额变化的，且总额在1万元以上的，需要变更台账。

# 第五章 加工贸易手册的结转

加工贸易是一个企业与另一个企业之间的延续,以及一个企业一本手册与另一本手册的传递。

加工贸易手册的结转分为深加工结转与余料结转。那么,在什么情况下运用,怎么来运用呢?

## 第一节 深加工结转

### 一、深加工结转的含义、条件及种类

(一) 深加工结转的含义

深加工结转,是指加工贸易企业将保税进口料件加工的产品转至另一加工贸易企业进一步加工后复出口的经营活动,是加工贸易企业与加工贸易企业之间的结转。转出企业叫做转出方,转入企业叫做转入方。转出企业转出的是经过自己加工过的出口成品,而转入方则把转出方的成品当做自己的进口料件再进一步加工。

对于转出企业而言,深加工结转视同出口,应办理出口报关手续,如以外汇结算的,海关可以签发收汇报关单证明联;对于转入企业而言,深加工结转视同进口,应办理进口报关手续,如与转出企业以外汇结算的,海关可以签发付汇报关单证明联。

(二) 办理深加工结转的条件

1. 转出企业、转入企业均已取得海关核发的加工贸易登记手册。

2. 转出企业、转入企业已签订加工贸易结转合同或协议。

3. 结转合同或协议在加工贸易登记手册的有效期内。

(三) 深加工结转的种类

1. 进料加工与进料加工之间的结转。

2. 进料加工与来料加工之间的结转。

3. 来料加工与来料加工之间的结转。

## 二、如何办理深加工结转

(一) 进料深加工结转申请表的审批

1. 转出企业在进料加工深加工结转申请表（一式四联），如表 5–1 所示，中填写本企业的转出计划并签章，并向本企业所属地海关备案。

2. 转出地海关完成备案后，留存申请表第一联，其余三联退还给转出企业，由转出企业转交转入企业。

3. 转入企业自转出地海关备案之日起 20 日内，持申请表其余三联，填制本企业的相关信息，签章后，向转入地海关办理备案手续。

4. 转入地海关审核后，将申请表第二联留存，第三、四联交转入企业。

(二) 收发货登记

1. 转出、转入企业办理结转计划申报手续后，应当按照经双方海关核准后的申请表进行实际收发货。

2. 转入、转出企业的每批次收发货记录应当在保税货物实际结转情况登记表上进行如实登记，并加盖企业结转专用名章。

3. 结转货物退货的，转入、转出企业应当将实际退货情况在登记表中进行登记，同时注明"退货"字样，并各自加盖企业结转专用名章。

(三) 结转报关（先报进口再报出口）

1. 转出、转入企业分别在转出地、转入地海关办理结转报关手续。转出、转入企业可以凭一份申请表分批或者集中办理报关手续。转出（入）企业每批实际发（收）货后，在 90 日内办结该批货物的报关手续。

第五章 加工贸易手册的结转 | 141

第一联

# 中华人民共和国海关加工贸易保税货物深加工结转申请表

申请表编号：

___海关：

我___公司（企业）需与___公司（企业）结转保税货物，特向你关申请，并保证遵守海关法律和有关海关监管规定：

| 结转出口货物情况 | 项号 | 商品编号 | 品名 | 规格型号 | 数量 | 单位 | 转出手册号 |
|---|---|---|---|---|---|---|---|
| | 1 | | | | | | |
| | 2 | | | | | | |
| | 3 | | | | | | |
| | 4 | | | | | | |

说明

| 结转出口货物情况 | 项号 | 商品编号 | 品名 | 规格型号 | 数量 | 单位 | 转入手册号 |
|---|---|---|---|---|---|---|---|
| | 1 | | | | | | |
| | 2 | | | | | | |
| | 3 | | | | | | |
| | 4 | | | | | | |

转出企业法定代表：　　　　　　　　　　　转入企业法定代表：
报关员：　　　　　　　　　　　　　　　　报关员：
电话：　　　　　　　　　　　　　　　　　电话：
电话：　　　　　　　　　　　　　　　　　电话：
（企业盖章）　　　　　　　　　　　　　　（企业盖章）
　　年　月　日　　　　　　　　　　　　　　年　月　日

转出地海关：　　　　　　　　　　　　　　转入地海关：

海关批注

（海关盖章）　　　　　　　　　　　　　　（海关盖章）
　年　月　日　　　　　　　　　　　　　　　年　月　日

注：①此表一式四联，第一、二联海关留存，第三、四联企业办理报关手续；②企业须经双方海关同意后，方可进行实际收发货；③结转双方的商品编号必须一致；④企业必须按《申请表》内容进行实际发货后，方可办理结转报关手续；⑤须经结转进出报关单对应的商品项号顺序必须一致；⑥每批收发货物后应在90天内办妥该批结转货物的报关手续。

**表 5-1　保税货物实际结转情况登记表**

转出企业手册号：　　　　　　　　对应结转申请表编号：

（转入/出）企业名称：

| 日期 | 序号 | 商品编号 | 品名 | 规格、型号 | 数量 | 单位 | 转入企业手册号 | （转入/出）企业签章 |
|---|---|---|---|---|---|---|---|---|
|  |  |  |  |  |  |  |  |  |
|  |  |  |  |  |  |  |  |  |
|  |  |  |  |  |  |  |  |  |
|  |  |  |  |  |  |  |  |  |
|  |  |  |  |  |  |  |  |  |
|  |  |  |  |  |  |  |  |  |
|  |  |  |  |  |  |  |  |  |
|  |  |  |  |  |  |  |  |  |
|  |  |  |  |  |  |  |  |  |
|  |  |  |  |  |  |  |  |  |

注：1. 此表与对应的（申请表）一起使用。2. 企业按（申请表）内容实际收发货和登记后，方可办理进出口结转报关手续。3. 企业签章栏加盖经主管海关备案的企业结转专用名章。4. 序号填项顺序。5. 本表不够填写的可续表。

2. 转入企业凭申请表、登记表等，向转入地海关办理结转进口报关手续，并在结转进口报关后的第二个工作日内将报关情况通知转出企业。

3. 转出企业自接到转入企业通知之日起 10 内，凭申请表、登记表等，向转出地海关办理结转出口报关手续。

4. 结转进口、出口报关的申报价格为结转货物的实际成交价格。

5. 一份结转进口报关单对应一份出口结转出口报关单，两份报关单之间对应的申报序号、商品编码、数量、价格和手册号应当一致。

6. 结转货物分批报关的，企业应当同时提供申请表和登记表的原件和复印件。

## 第二节　余料结转

### 一、余料结转的含义、条件及种类

（一）余料结转的含义

余料结转，是指加工贸易企业在经营来料加工、进料加工复出口业务过程中剩余的、可继续用于加工制成品的加工贸易进口料件，结转到同一经营单位、同一加工企业、同样进口料件和同一加工监管方式的另一个加工贸易合同项下继续加工复出口。

（二）办理余料结转的条件

1. 加工贸易企业登记手册合同履行完毕后尚有剩余的，可以继续用于加工制成品的加工贸易进口料件。

2. 加工贸易企业已在海关办理申请转入的登记手册，且转入手册料件备案数量或剩余的备案数量大于申请转入的剩余料件数量。

3. 剩余料件申请转入的是同一经营单位、同一加工厂、同样进口料件和同一加工贸易方式的登记手册。

4. 剩余料件如需结转至同一经营单位项下另一加工厂的，需向海关缴纳相当于结转保税料件应缴税款金额的风险担保金（台账实转金额不低于结转保税料件应缴税款金额的,可免予缴纳)。

(三) 余料结转的种类

1. 同一企业内,一本手册的进(来)料料件的余量向另一本手册的结转。

2. 同一企业,企业类型转变(由合资变独资,或者由独资变合资),导致一本手册的进(来)料料件的余量向另一本手册的结转。

 **技巧分享**

转出手册基本为执行完毕的手册,企业转型的除外。

余料结转必须是同一企业、同一进口料件、同一种加工贸易方式的结转;同一转出手册可以对应多个转入手册,同一转入手册也可以对应多个转出手册。

## 二、如何办理余料结转

余料结转与深加工结转一样不需要外经贸局(部)的批准,直接向海关申请即可。

申请时应提交的文件如下:

1. 企业申请转入、转出的加工贸易登记手册(如果是电子账册或电子手册则不需要)。

2. 已填制好的"加工贸易剩余料件结转联系单"一式三联,如图5-1所示。

注:

(1) 表中转出手册号填写要转出余料的手册号。

(2) 表中转入手册号填写要转入的手册号。

(3) 项号要写两个号:一个为要转出手册的进口料件项号,另一个为要转入手册的进口料件项号。

(4) 商品编码、规格型号为手册备案时的编码和型号,转入手册与转出手册的编码必须完全相同,否则无法报关。

(5) 转出的数量与单位也必须与转入的完全一致,否则报关时无法通过,但是转出手册与转入手册对应的进口料件的备案数量并不一定要完全一致。其前提是转入手册的进口料件的备案数量要大于或等于转出手册中要结转的进口料件的数量。

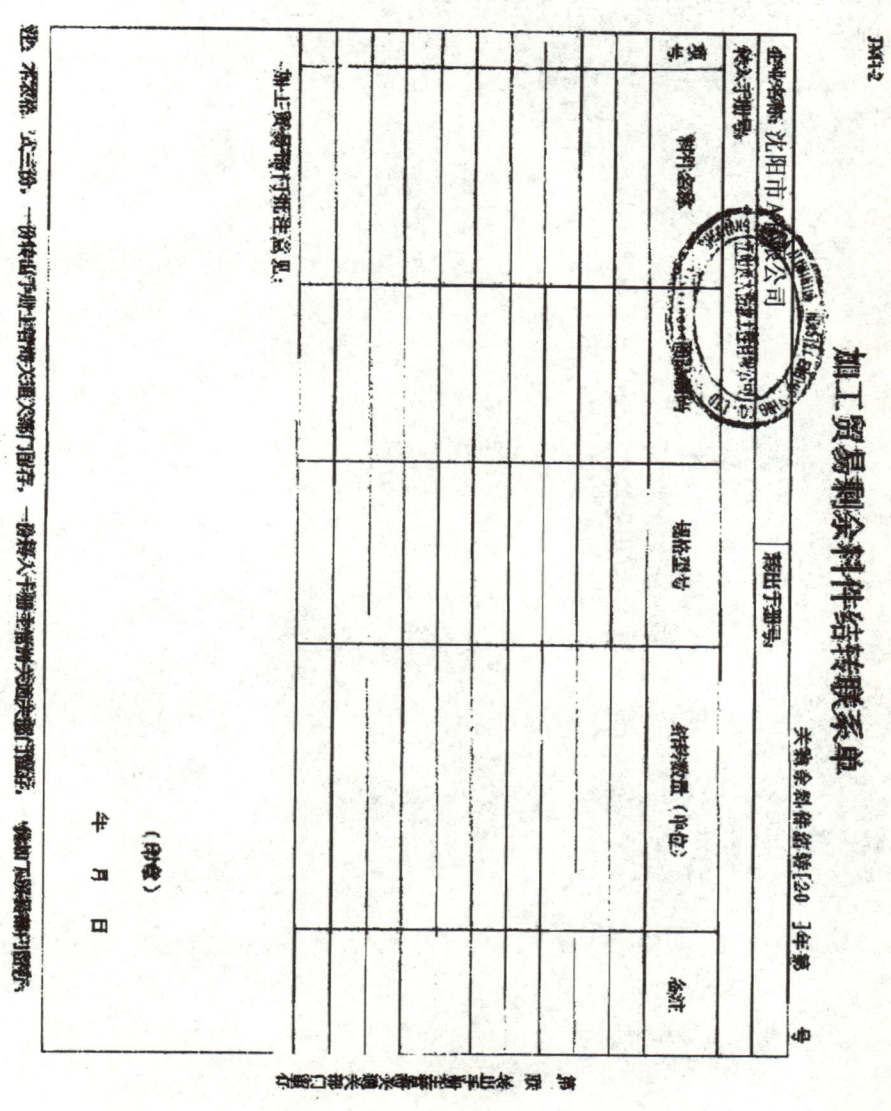

图 5-1

3. 经营企业属外贸企业的，还需提供加工企业的余料证明。

4. 海关认为需要提交的其他证明文件和材料。

以上文件准备齐全后递交海关保税科，经过三级申请审批后，准备报关就可以了。报关也像深加工结转一样，遵循先报进口即转入、后报出口即转出原则。

# 第六章 加工贸易手册执行中遇到的意外

## 第一节 加工贸易手册的终止

加工贸易手册的终止，即加工贸易合同的终止。导致加工贸易合同终止的有两个方面的因素：一是社会因素，二是企业自身的因素。

受 2008 年下半年至 2009 年全球性经济危机的影响，各国经济动荡不安，因此各国企业的合作与发展或多或少都受到了影响。企业资金短缺难以维系工程的进展，不得不暂停或终止合同。这样一来，已经办理好的加工贸易手册也随之暂停或终止了。

另外，合同执行单方或者双方毁约。那么如何处理由此带来的一系列问题呢？

加工贸易手册终止环节：

1. 加工贸易手册已经办理完毕，仍未进行进出口。手册要终止，那么手册就可以直接到海关与外经贸局报核，并写情况说明原因，第七章会作详细介绍。

2. 加工贸易手册办理完毕，已经进口，但是还未出口。

3. 加工贸易手册办理完毕，已经进口、出口。

对于第二、三两种情况，双方要及时沟通、协商，看对进口（来料）料件进行怎样的处置，通常会有以下四种解决办法：

（1）加工贸易手册进口料件的内销。

经过双方讨论，如果退运的话，海运费及其他杂费加起来，数目可观，不划算，而且国外留着料件，也无他用，所以要求采购方或加工方自行处置。

另外，其他工程也无法应用，只得内销处理，从而补缴进口关税与增值税。至于税款由谁承担，要看双方的约定。

下面详细介绍加工贸易手册进料（来料）料件内销的办理程序：

1）企业内部准备。

①写情况说明如图6-1所示进料（来料）料件的内销情况。

**情况说明**

致沈阳海关：

　　我公司是成立于××××年××月××日的外商投资企业。注册资本为××万美元，企业员工总数为××人，年生产能力为××万平方米。主要从事××××××××××××（营业执照经营范围）。

　　我公司于2009年8月6日办理了一本进料加工贸易手册：08019×××××，有效期为2010年7月8日，现此手册已执行完毕，由于手册下进口料件第1项胶条产生边角废料，共计500米，合计200千克，现对胶条产生的边角废料申请补税，敬请批复！

沈阳市A有限公司<br>2010年3月12日

图6-1

②填写进料（来料）料件内销审批表（海关领取），如图6-2所示。

③系统录入。

点击合同内销，如图6-3所示进入加工贸易网内销系统。

找到要内销合同的内容，进入图6-4录入内销合同的证件号，填写需内销的合同的批准证号及内销申请文号，可以直接填写，也可以根据已有的批准证号与申请文号，在系统里搜索，如图6-5所示搜索内销合同。

合同批准证号与申请文号都填好后，点击"确定"，如图6-6所示。

填写内销进口料件项下的海关手册编码及内销原因，点击"下一步"，如图6-7所示。

2010-32

**加工贸易内销货物补税申请表**

手册编号：C050 1925 0167　　　　申请日期：2010.3.12

申请单位名称：沈阳市A有限公司　　　　企业代码：××××××××××

补税时状态：　剩余料件☐　副产品☐　残次品☐　边角料☑　受灾货物☐　不作价设备☐

申请补税商品清单

| 序号 | 商品名称 | 规格型号状态描述 | 商品编号 | 原产地 | 数量 | 单位 | 申报单价 | 总价 | 成交币制 | 成交方式 |
|---|---|---|---|---|---|---|---|---|---|---|
| 1 | 铁废碎料 | | 7802000090 | 中国 | 157.66 | 千克 | 13/KG | 2049.58 | 人民币 | CIF |
| 2 | | | | | | | | | | |
| 3 | | | | | | | | | | |
| 4 | | | | | | | | | | |
| 5 | | | | | | | | | | |
| 6 | | | | | | | | | | |
| 7 | | | | | | | | | | |
| 8 | | | | | | | | | | |
| 9 | | | | | | | | | | |
| 10 | | | | | | | | | | |

以上内容填报无误。特此申请办理补税手续。

申请单位（公章）

申请单位联系人：赵涓　　　　联系电话：24-252……

以下由海关填写

下厂核查情况：

核查人：

初审人意见：

根据海关总署令111号第17条第　款之规定，同意企业申请，请持加工贸易货物内销征税联系单到海关部门办理报关纳税手续。

初审人签字：

科长意见：

料件首次进口日期：

处长意见：

注：本申请一式三联，第一联海关审批部门留存联；第二联企业留存联；第三联核销专用联。

第二联 企业留存联

**图6－2　进料（来料）料件内销审批表**

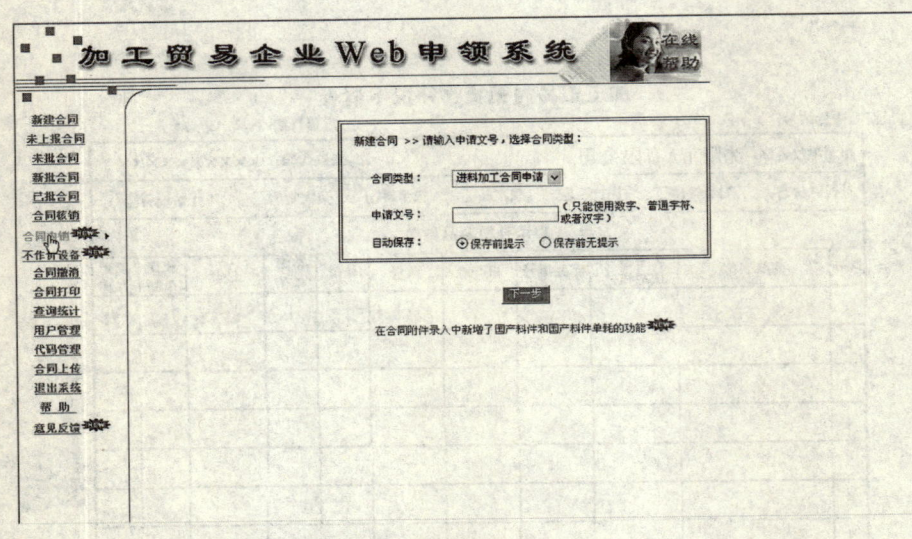

图6-3　进入加工贸易网内销系统

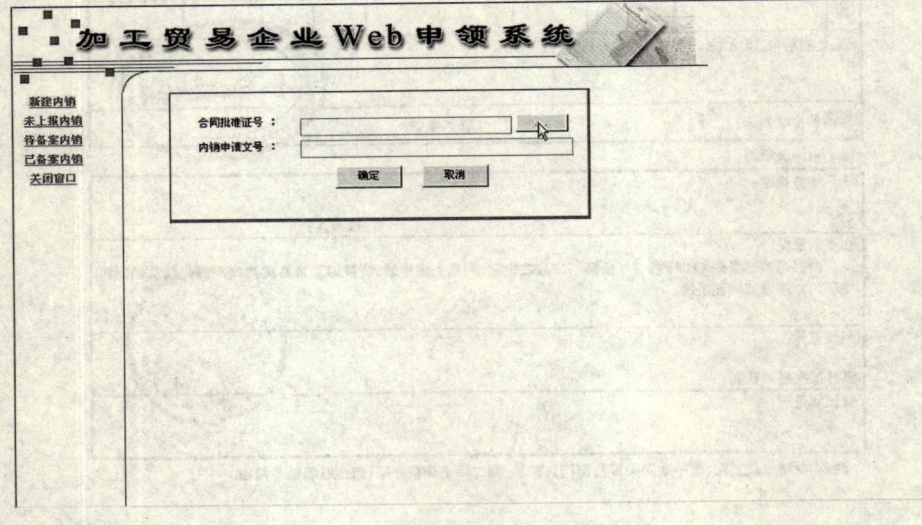

图6-4　录入内销合同的证件号

第六章 加工贸易手册执行中遇到的意外 | 151

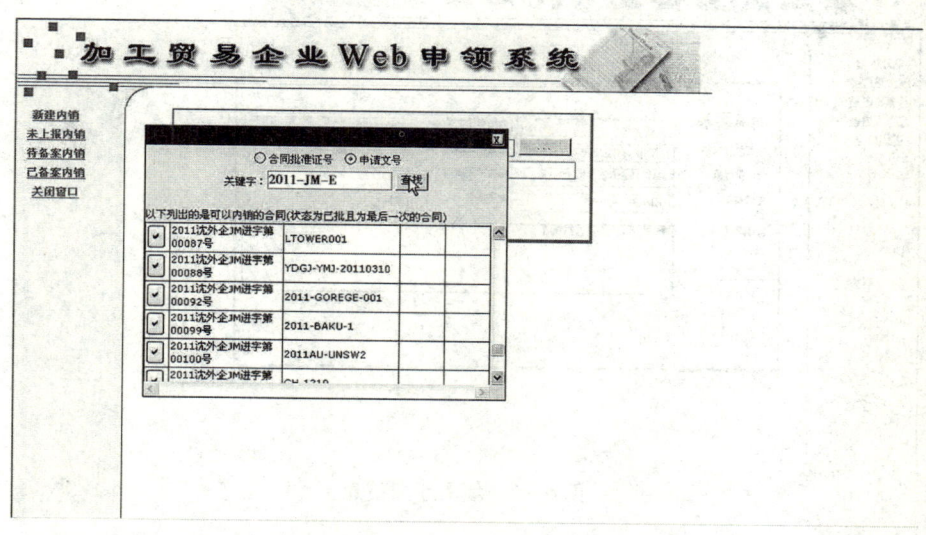

图6-5 搜索内销合同

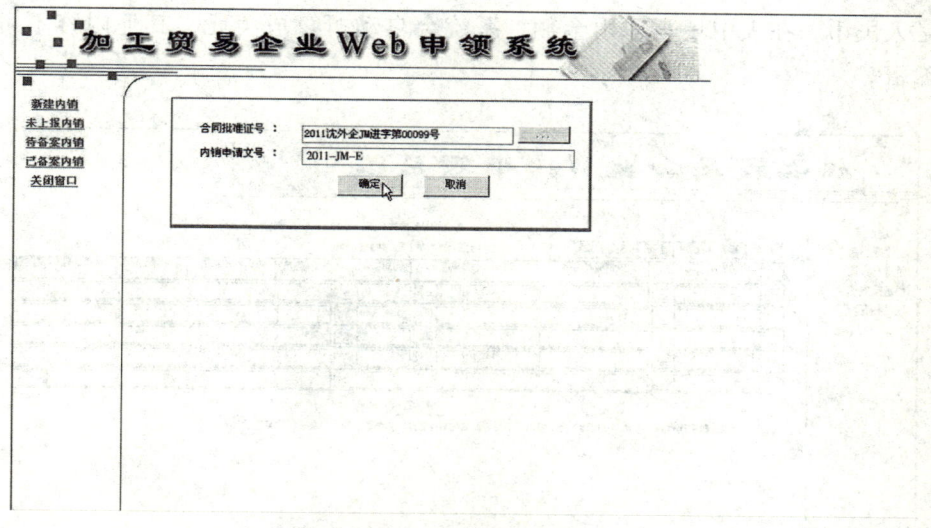

图6-6 确定录入信息

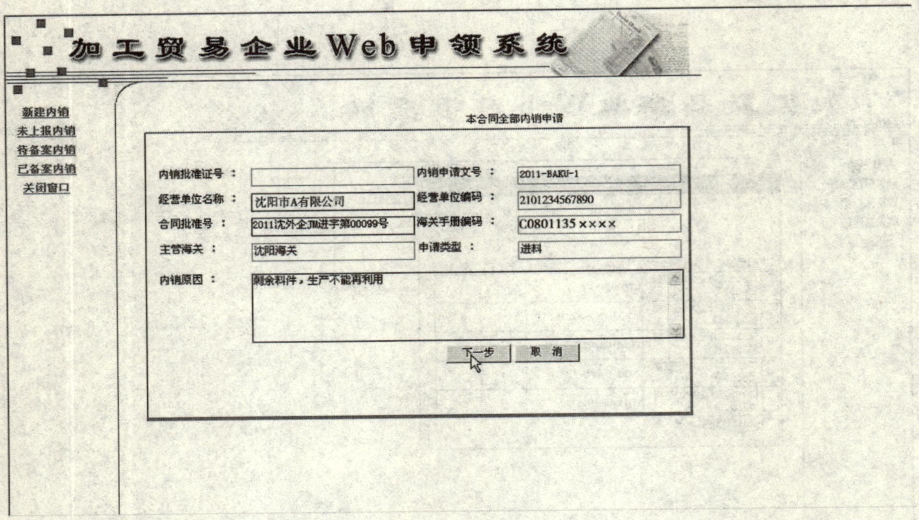

图 6-7 填写手册信息

然后，点击"新增"，如图 6-8 所示，并选择需要内销的进口料件，如图 6-9 所示，注意填写内销数量及金额，因为是内销，所以成交的金额是人民币，在表中填写原币金额，系统会自动折算成美元，其他内容不可编辑。

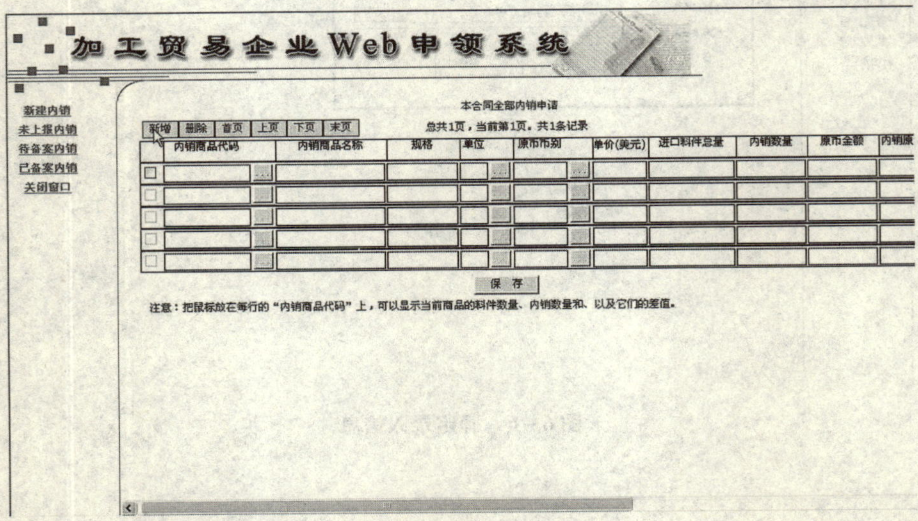

图 6-8 增加行

图 6-9　选择内销进口料件

内销合同打印的注意事项：内销合同打印与之前的新建合同打印变更合同的打印不太一样，内销合同打印是直接在未上报内销状态下，点击右边的"打印"，如图 6-10 所示。

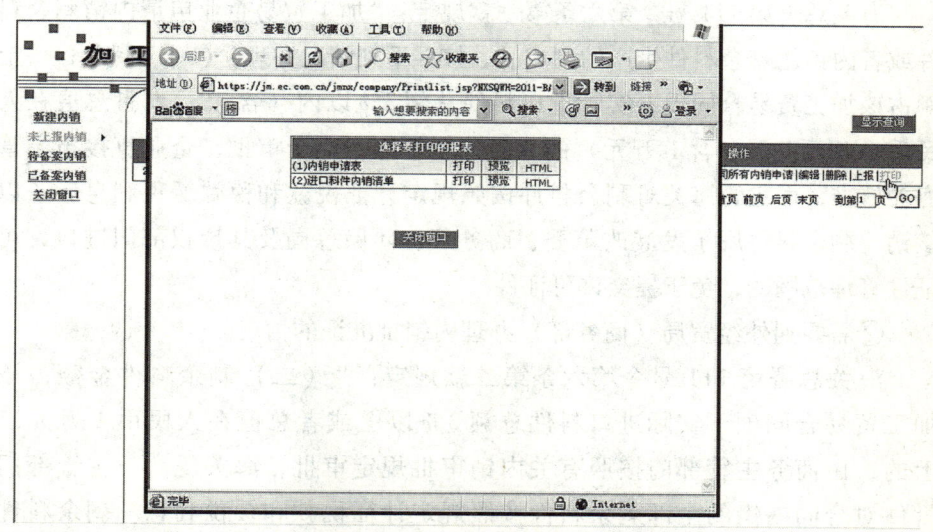

图 6-10　点击打印

注意：内销合同上报，是在未上报内销合同中点击"上报"，而不是在未上报合同中上报,如图6-11所示。

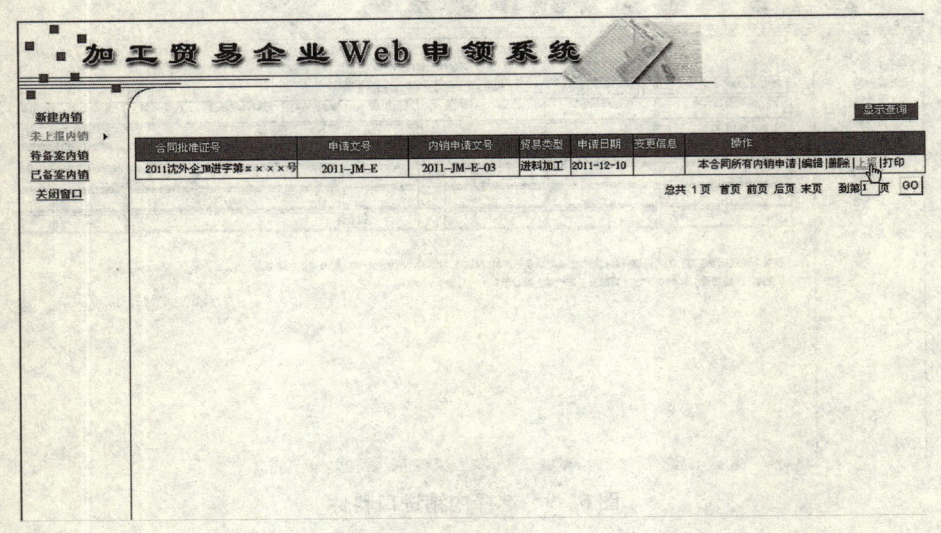

图6-11

2)到外经贸局审批加工贸易进口(来料)料件内销批准证。

①不需要到外经贸局(商务部)办理内销批准证的情况。

海关总署第111号令第六条第一款规定:"加工贸易企业申请内销剩余料件或者内销用剩余料件生产的制成品,按照下列情况办理:(一)剩余料件金额占该加工贸易合同项下实际进口料件总额3%以内(含3%),且总值在人民币1万元以下(含1万元)的,商务主管部门免予审批,企业直接报主管海关核准,由主管海关对剩余料件按照规定计征税款和税款缓税利息后予以核销。剩余料件属于发展改革委、商务部、环保总局及其授权部门进口许可证件管理范围的,免于提交许可证件。"

②需要到外经贸局(商务部)办理内销批准证的情况。

海关总署第111号令第六条第二款规定:"(二)剩余料件金额占该加工贸易合同项下实际进口料件总额3%以上或者总值在人民币1万元以上的,由商务主管部门按照有关内销审批规定审批,海关凭商务主管部门批件对合同内销的全部剩余料件按照规定计征税款和缓税利息。剩余料件属于进口许可证件管理的,企业还须按照规定向海关提交有关进口许可证件。"

③所需提供的资料：

A. 进（来）料料件内销情况说明（一式一份，抬头是××外经贸局）；

B. 进（来）料料件内销审批表（海关领取）（一式三份）；

C. 内销申请表（系统打印一式三份）；

D. 进口料件内销清单（系统打印一式三份）。

此过程需要半个至一个工作日，期间不产生任何费用。

3）到海关进行进口（来料）料件内销审批。

此过程需 2~3 个工作日，如果请代理代办的话，一票会产生 RMB100~200 元的代理费。如果自理的话，无任何费用产生。

需要提供的资料：

①进（来）料料件内销情况说明（一式一份，抬头是××海关）。

②进（来）料料件内销审批表（海关领取）（一式三联）。

③内销申请表（加盖外经贸局公章的一式两份）。

④进口料件内销清单（加盖外经贸局公章的一式两份）。

4）进行报关补税，需要提供的资料：

①内销补税申请表，海关审批过的，加盖业务专用章的，经过三级审批的。

②内销补税发票，报关所用的形式发票即可。应特别注意的是，其内容要与内销补税申请表一致，币制一定要为人民币。

③内销补税箱单，体现报关所需的每一项净重、总的毛重及件数即可；如果是纸质加工贸易手册的需提供手册。

完成此工作需 1~2 个工作日。

除了进口关税和增值税外，如请代理代办的话，一票会产生 RMB150~200 元的代理费。

（2）加工贸易手册料件的退运。

经双方协商，认为此货物运回本国还有他用，另外路途也不是太遥远，而且销售后扣除退运费用后，还用节余。

此项工作无须到外经贸局和海关申请，只要做好以下单据即可：

1）原进口时的报关单。

2）退运的发票、箱单。

3）出口收汇核销单。

4）进行退运货物报关。

5）如果是纸质加工贸易手册，需提供加工贸易手册。

此过程会产生的费用有：海运费和杂费（拖车费、报关费、代理费、船公司及海港内产生的费用）；视目的港的远近及货量的大小而定。

此项工作仅报关的工作时限为1~2个工作日。

（3）放弃进口料件。

进料（来料）料件对于合同双方都没有用处，如果内销的话，税金又很高，远远超过货值，权衡利弊后，还是放弃为好。

放弃料件手续简单，无须到外经贸局申请批准证。

1）写保税料件放弃申请。

抬头是主管地海关，写明放弃原因和内容。此申请没有固定的格式，表达清晰即可。

2）填写放弃申请表（海关领取），按照表格的要求填写清楚即可。

3）海关审批后，联络负责关员，派送放弃货物至海关指定地点。

（4）同一企业内可以进行余料结转。

如果同一企业，有多个加工贸易手册，而且即将终止的加工贸易合同的进口料件部分或者全部能应用到其他一个或多个加工贸易合同，就可以做余料结转。这种方法是降低损失的最好办法。

（5）手册丢失。

1）企业向海关申请，并提交以下单证：

①经营企业关于加工贸易手册遗失的书面报告。

②经营企业申请核销的书面材料。

③进出口货物清单一式两联（表内应注明"内容属实，如有不实，愿承担有关法律责任"）。

④加工贸易货物进出口报关单（如企业无法提供进出口货物报关单，须提供原进出口口岸海关的查单情况证明）。

⑤缉私部门出具的"行政处罚决定书"。

⑥海关按规定需要收取的其他单证和材料。

2）海关审核。

3）企业凭核定的"进出口货物清单"办理余料结转、退运、征税、放弃或成品出口等手续。

4）海关予以注销结案遗失"登记手册"。

## 第二节　加工贸易手册倒挂现象及台账保证金的提前退回问题

### 一、加工贸易倒挂现象的含义

下面，我们从时间、数量或重量、金额上分别解释加工贸易手册倒挂现象的含义。

（1）时间倒挂，是出口成品的出口日期早于进口料件的进口日期。

（2）数量或重量的倒挂，是加工贸易手册中进口的进口料件的数量或重量，按照备案的单耗和损耗，还不足以支持已经出口的成品的数量或重量。

如一个单元需要2个螺栓，总共进口了20个螺栓，那么此进口只供10个单元的成品出口，如果出口了20个单元，这种现象就是倒挂现象。

（3）金额倒挂，是进口总金额大于出口总金额的现象。

### 二、造成倒挂现象的原因

（1）时间倒挂的原因有两种：一是加工贸易企业内部保税料件互相串料；二是加工贸易企业内部保税料件与国产料件，或者保税料件与一般贸易进口料件的串料。这种情况多数是由于一个企业同时进行多个合同，而且企业管理混乱，进出口操作人员没有把好关造成的。因为进出口操作人员对进口料件与出口成品的动向的了解最清楚，如果没有进口，坚决不能出口，这样就不会产生时间倒挂的现象。

（2）数量或重量倒挂，除了上述两种串料情况以外，还有就是失误造成的。由于技术人员计算错误，单、损耗备案时偏大，但实际生产时单、损耗变小，这样理论数据看上去进口的数量或重量就比实际出口时要小，但事实上，实际进口的数量或重量已经足够实际出口的数量或重量了。

（3）金额倒挂，这种现象很少发生。发生的原因有三点：一是进口时币制报错，误把日元报成美元。二是由于市场原因，进出口时汇率的差异造成。三是发生在来料加工贸易中，在出口报关时只申报加工费，漏报材料费。

### 三、解决倒挂现象的办法

根据海关总署令第168号《海关总署关于修改〈中华人民共和国海关对加工贸易货物监管办法〉的决定》第27条的规定，因加工出口产品急需，经海关核准，经营企业保税料件与非保税料件之间可以进行串换。保税料件与非保税料件之间的串换限于同一企业，并应当遵循同品种、同规格、同数量、不牟利的原则。来料加工保税进口料件不得串换。

由此看出哪种串料是允许的，哪种串料是坚决不允许的。

避开串料还有以下几种方法是海关可以接受的。

（一）针对数量或重量倒挂现象的解决办法

1. 更改单、损耗。最后一批货物出口前向海关说明，手册备案时单、损耗备案有误，单耗备案时备大，实际单耗应该是1，却备成2了。此种情况是可以理解与准许的。

2. 要求在国外采购，不需进口，直接在现场安装。待手册核销时向海关说明即可。

以上两种办法都是进口料件没进齐的情况下采取的。如果都进齐了，就只能采用保税料件与非保税料件之间串料的办法解决了，在手册核销时应如实向海关说明情况。

（二）时间倒挂与金额倒挂无特殊解决办法

时间倒挂，可以用合理串料来归避；金额倒挂，只能在核销时阐述实际原因，争取最轻的处罚。

### 四、如何提前退回台账保证金

前面我们已经提到了，对于实行台账实转的企业在办理加工贸易手册时需交纳一定金额的保证金。保证金要在手册执行完毕，向海关申请核销时，才可以申请退还。这样一来如果手册执行慢的话，保证金会迟迟退不回来，小额资金无所谓，可是对于大额合同的保证金可能要几百万甚至几千万，这样，会影响企业的正常运转。

　　解决保证金正常回笼的最好办法就是进行余料结转，重新再办一本手册。因第一本手册已经执行一半，甚至更多，只差一小部分没有执行完，还迟迟结束不了，那只有把剩余部分再办一本手册。这样一来，第一本手册的剩余部分就结转到新的手册中，从而可以核销，并申请退还保证金。因为第二本手册所需的保证金远远比不上退还的金额，这样就可以释放大部分现金进行周转了。

　　**注意**：结转也有一定的限制，并不是一批进口料件可以无限期地结转下去，一批料件只允许结转一次。也就是说，同一批进口料件做了一次余料结转后，不能再做第二次余料结转，只能补税。

# 第七章 加工贸易手册的核销

我们之前的所有行为，都需要此步骤来善后，所以在做每一件事情时都要想好下一步将发生什么事，下一步该怎么做，如果遇到问题该怎么解决。得过且过的心理绝对要不得，尤其是从事加工贸易。因此，掌握加工贸易手册的核销程序与技巧至关重要。

## 第一节 加工贸易手册核销的含义及核销的准备工作

### 一、加工贸易手册的核销及时限

加工贸易手册核销，是指加工贸易单位在合同执行完毕后将"加工贸易登记手册"、进出口专用报关单等有效数据递交海关，由海关核查该合同项下进出口、耗料等情况，以确定征、免、退、补税的海关后续管理中的一项业务。

经营企业应当在规定的期限内将进口料件加工复出口，并自加工贸易手册项下最后一批成品出口或者加工贸易手册到期之日起30日内向海关报核。经营企业对外签订的合同因故提前终止的，应当自合同终止之日起30日内向海关报核。

办理时限：海关应当自受理报核之日起30日内予以核销。特殊情况需要延长的，经直属海关关长或者其授权的隶属海关关长批准可延长30日。

## 二、加工贸易手册核销前的准备工作

### （一）清算数据

根据进出口报关单，检查、核实进口料件与出口成品的数量是否与备案时的数量相吻合。如果吻合了，说明本手册已经具备了核销的初步条件；若不吻合，要查明原因：（1）是否还需进出口；（2）如果不需进出口，是何种原因，理由充分的话，海关也会受理报核。

### （二）边角料、剩余料件、残次品、副产品和受灾保税货物的处理

边角料，是指加工贸易企业从事加工复出口业务，在海关核定的单位耗料量内（以下简称单耗）、加工过程中产生的、无法再用于加工该合同项下出口制成品的数量合理的废、碎料及下脚料。

残次品，是指加工贸易企业从事加工复出口业务，在生产过程中产生的有严重缺陷或者达不到出口合同标准，无法复出口的制品（包括完成品和未完成品）。

副产品，是指加工贸易企业从事加工复出口业务，在加工生产出口合同规定的制成品（即主产品）过程中同时产生的，且出口合同未规定应当复出口的一个或者一个以上的其他产品。

受灾保税货物，是指加工贸易企业从事加工出口业务中，因不可抗力原因或者其他经海关审核认可的正当理由造成灭失、短少、损毁等导致无法复出口的保税进口料件和制品。

主要有三种处理办法：

（1）余料结转至下一个合同，继续应用，只适用于剩余料件及受灾保税货物。

（2）内销补税。

（3）放弃，对于内销补税及放弃的管理办法及操作流程，在第六章中已经详细叙述过。

## （三）对于变更手册的核销处理

（1）增项增量手册的核销。

（2）增加口岸修改税号的手册核销。

以上手册可以按第一节中讲述的核销程度正常核销，不需特殊说明。

（3）减项减量手册的核销。

由于是减项或减量，海关不要求企业在当时就作以说明，但是当手册核销时，企业必须向海关说明原因。

## （四）收集报关单

收集所有与待核销手册有关的进出口进料（来料）专用报关单（进料报关单是粉色的，来料报关单是绿色的），包括内销补税的报关单。检查核对报关内容是否正确，进出口数量与备案数量是否吻合，进出口总值分别是多少，申报专用章及海关的验讫章是否加盖。

以上三步都准备妥当就可以进行下一步了。

## （五）填制核销申请表

如表7-1所示，填表时需注意以下几点：

1. 手册编号为备案时海关核发的11位编码，进料的是C打头，来料的是B打头。

2. 进口合同号与出口合同号为备案时的进出口合同号，但是要注意的是，如果变更过的手册，一定要写最后一次变更时的进口合同号与出口合同号。

3. 实际进出口额为报关单中各项进出口额的总和。可能与备案总值相等，也可以不相等。

4. 项号、品名和规格型号、单位必须与手册备案时的一致，实际进口数量项下的进口、深加工结转、余料结转为实际执行的数量，如果本手册未进行过结转，两栏可以为空白不填写。总计为前3项的总和，如果备案时的进口数量，在实际进口时已经进全，而且没进行过深加工结转和余料结转，此时总计一栏的数量等于进口一栏的数量。特别提醒：无论一项品名实际进口时分多少次，填核销申请表时实际进口数量都写总数。

表 7-1 核销申请表

| 手册编号 | C08019×××××  | 进口合同号 | 2011-JM-01 | 出口合同号 | 2012-JM-E | 实际进口额 | $9 000.00 | 实际出口额 | $2 400 000.00 |

实际进(人)料件情况 / 实际出口/转出成品耗料情况 / 征税内销情况 / 剩余料件/残次品情况

| 项号 | 品名和规格 | 单位 | 实际进口/转人 | | | 实际出口/转出 | 成品1:950 | | 成品2:500 | | 成品3: | | 成品4: | | 征税内销情况 | | | 剩余料件/残次品情况 | | 备注 |
|---|---|---|---|---|---|---|---|---|---|---|---|---|---|---|---|---|---|---|---|---|
| | | | 进口 | 结转 | 总计 | 数量 | 出口数量 | 单耗 总耗 | 出口数量 | 单耗 总耗 | 出口数量 | 单耗 总耗 | 出口数量 | 单耗 总耗 | 数量 | 总价(USD) | | 数量 | 处理方式:结转/退运/放弃 | |
| 1 | 胶条 | 个 | 10000 | | 10000 | | 10 9500 | | | | | | | | | | | | | |
| 2 | 螺栓 | 个 | 20000 | | 20000 | | | | 20 10000 | | | | | | 10000 | | | | | |
| 3 | 螺母 | 个 | 20000 | | 20000 | | | | 40 20000 | | | | | | 20000 | | | | | |

| 边角料/副产品/受灾货物情况 | | | | | 缴税情况 | | |
|---|---|---|---|---|---|---|---|
| 品名和规格 | 单位 | 数量 | 价值 | 处理方式 | 关税税额 | | |
| | | | | | 增值税额 | | |
| | | | | | 消费税额 | | |

| 申报核销单据 | | |
|---|---|---|
| 手册数量 | 1本主册 续册 本分册 | |
| 报关单份数 | 进口2份 出口3份 | |
| 核销申请表 | 1页 | |
| 其他单据 | | |

本表内容申报无讹,如有不实,本企业愿承担相应的法律责任。

| 加工企业盖章 | 经营企业盖章 |
|---|---|
| 经办人签字 | 经办人签字 |
| 年 月 日 | 年 月 日 |
| 加工企业电话 | 经营企业电话 |

5. 出口数量为实际出口数量,即每次报关单的总和。

6. 单、损耗为手册备案中的单、损耗。因为如果手册在最后一项成品出口前,有单、损耗变化的,必须变更备案的单、损耗。

总耗 = 单耗 × 出口成品 / (1 − 损耗率)

7. 对于征税内销、剩余料件及残次品,以及退运、放弃都按照实际发生的填写。

8. 边角料/副产品/受灾货物情况、申报核销单据、缴税情况都按实际情况填写,后边签章部分,如果经营企业与加工企业分属不同企业时,分别签章,如果是同一企业时签一个单位即可。

## 第二节　核销数据的报核

### 一、海关报核需要提供的单据

（1）核销申请表。

（2）所有进出口报关单。

（3）如果采用纸质加工贸易手册,还需提交加工贸易手册。

（4）如减量、减项等情况,手册执行中未经过变更,核销时需提供情况说明。

（5）加工贸易手册执行情况登记本。

**注意**：在提交前一定要复印留底备查。

### 二、海关接核的部门及工作时限

（1）所属海关的保税科。

（2）工作时限：参照海关总署会第168号公布的《海关总署关于修改〈中华人民共和国海关对加工贸易货物监管办法〉的决定》第三十三条的第二款规定,海关应当自受理报核之日起30日内予以核销。特殊情况需要延长的,经直属海关关长或者其授权的隶属海关关长批准可延长30日。

海关予以核销后,下发加工贸易结案通知书与银行台账结案通知书（只有纸质手册需要核销保证金台账）后，将加工贸易结案通知书复印，转交财务负责加工贸易手册核销的会计，进行税务核销。

如果手册在办理时缴纳保证金的，在海关下发加工贸易结案通知书后，凭当时缴纳保证金时海关出具的收据及企业的公司名称、开户行名称、开户行账号到海关办理退还保证金。

### 三、在外经贸局的报核

1. 网上录入报关信息。

这里为什么只提录入报关信息，而不提录入核销信息呢？因为核销信息完全来自报关单。

录入报关信息仍然需要登录加工贸易系统，登录后，进行以下操作：

（1）点击"合同核销"，进入核销列表，如图7-1所示。

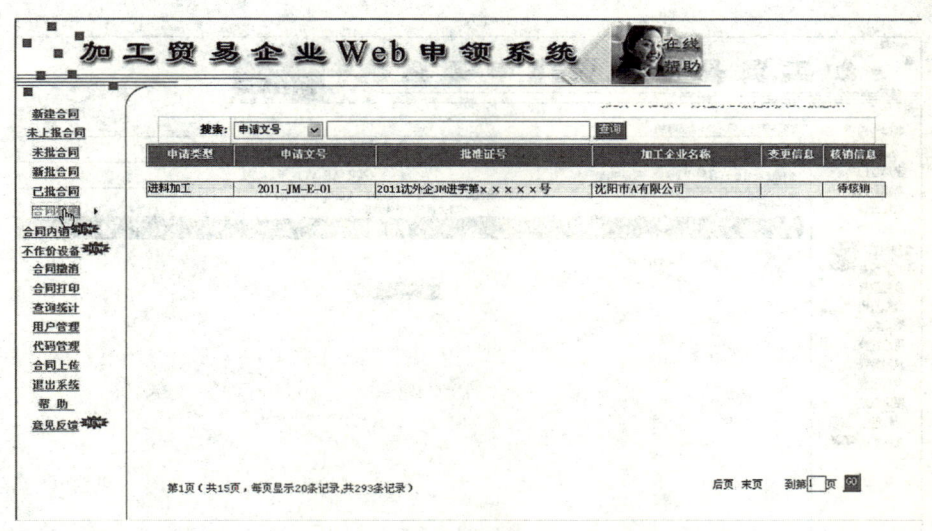

图7-1 合同核销

（2）进入核销列表后，利用申请文号搜索所需核销合同，点击核销信息中的"待核销"，如图7-2所示。

（3）点击"新增核销数据"，进入合同出口成品和进口料件录入列表，如图7-3所示。

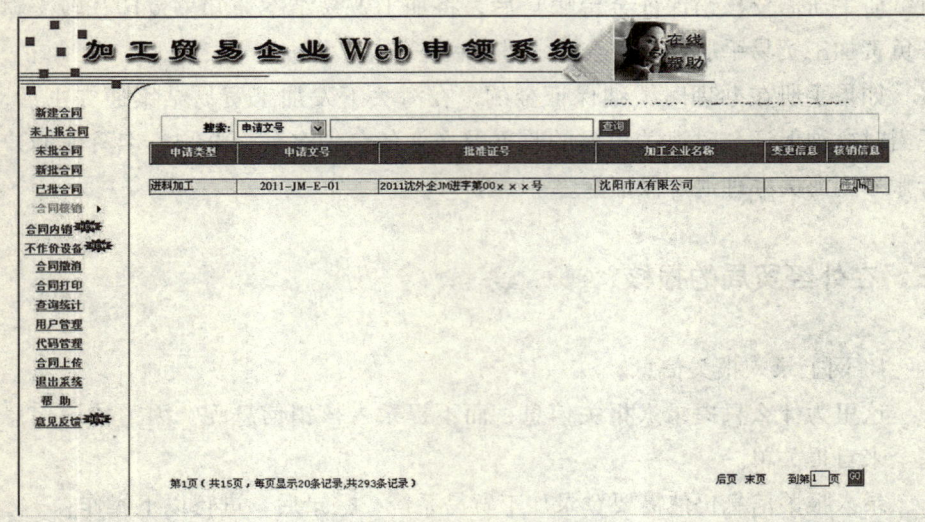

图7-2 点击待核销

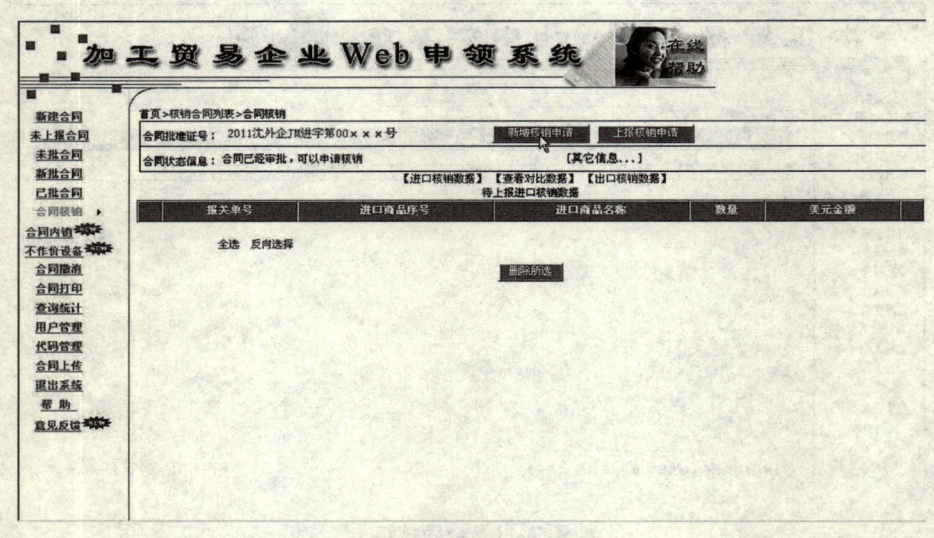

图7-3 新增核销申请

(4)点击"新增核销数据",激活进口料件列表,如图7-4所示。

(5)先录入"海关手册编码",只需录入一次即可,如图7-5所示。

(6)按照报关单选择手册项号,这一项只能选择,不能录入,因为是系统事先备案的,不可更改,如图7-6所示。

第七章 加工贸易手册的核销 | 167

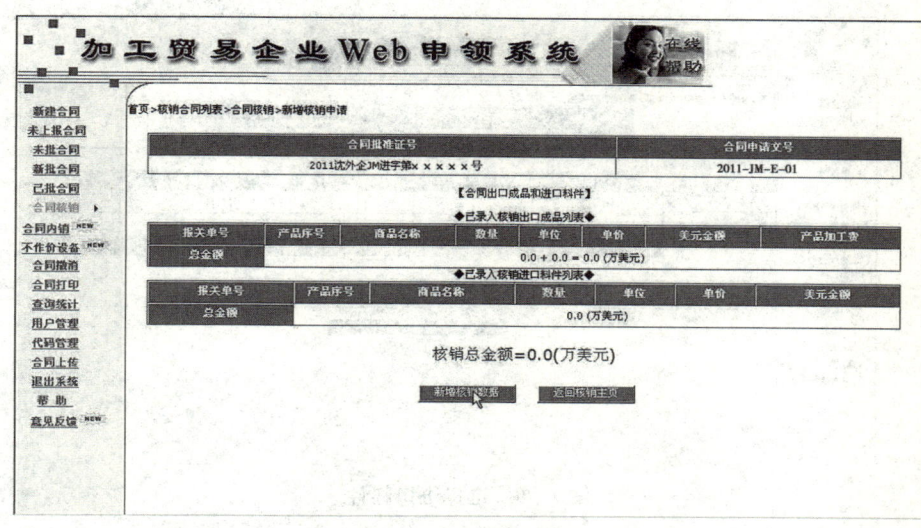

图7-4 激活进口料件表

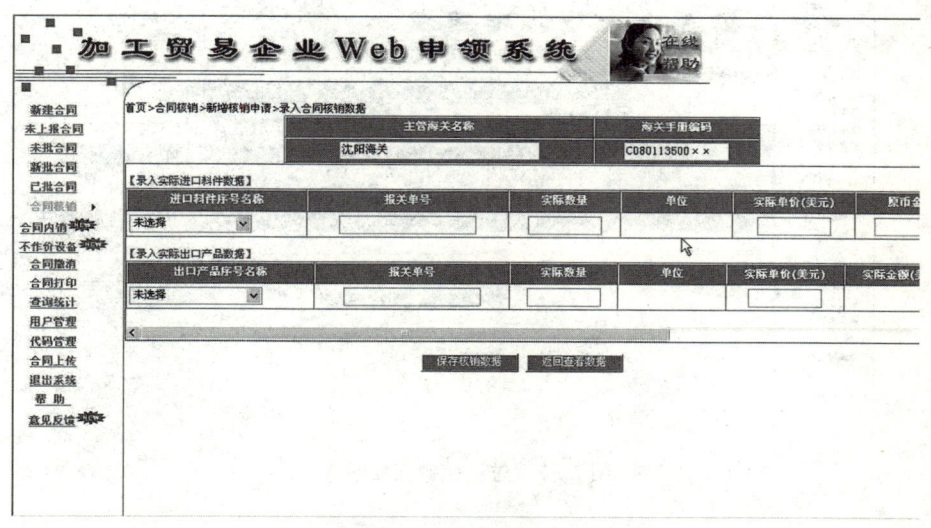

图7-5 录入手册号

（7）按照报关单录入报关单号、实际数量、实际单价、原币金额、实际进口日期，实际金额不需录入，是根据前面录入的数据自动生成的，如图7-7所示。

这里值得强调的是，如果一个报关单有多项的话，只需更换进口料件序号，不需重新录入报关单号。如果实际进口的数量等于备案数量，实际数量

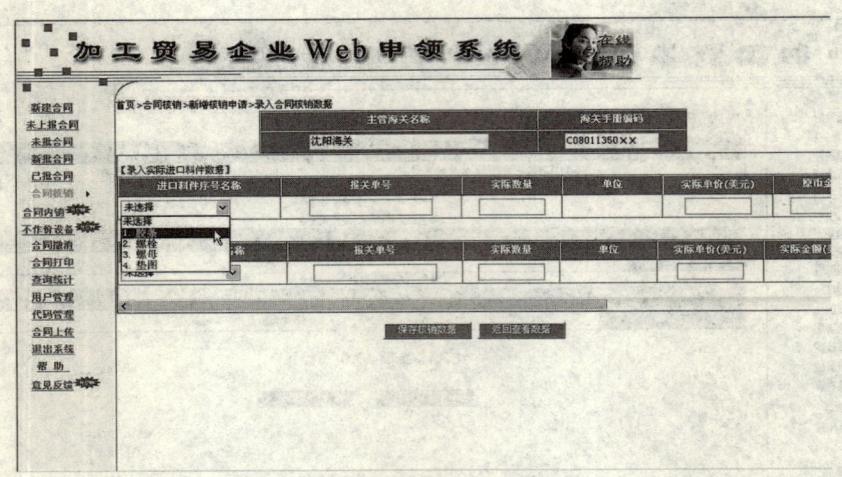

图7-6 选择进口料件

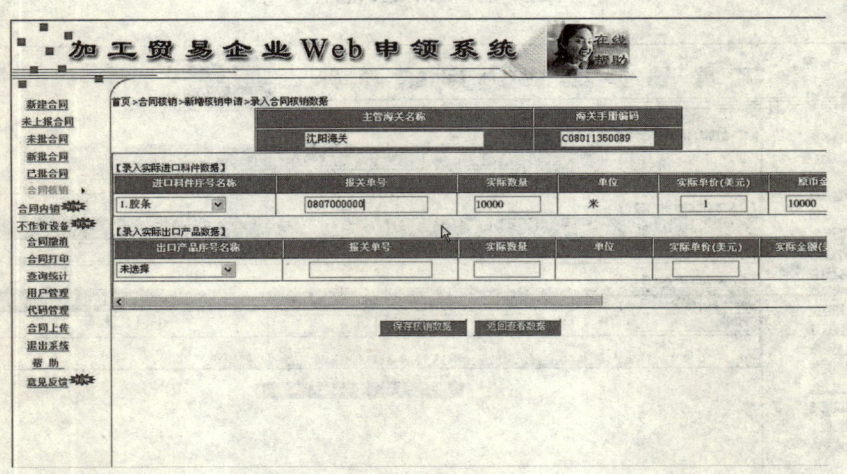

图7-7 进口核销数据录入

一栏也无须更改。

如果实际进口单价与合同备案时的单价不同，更改时会出现一个提示对话框，提示"您输入的实际进口料件单价与合同中该料件单价不同"，直接点击"确认"即可。如图7-8所示，确定录入数据。

进口报关数据录入完成后，以同样的方法录入出口报关数据。

（8）全部录入完毕之后，保存核销数据，返回查看数据，进行录入数据的校对，如图7-9所示。

第七章 加工贸易手册的核销 | 169

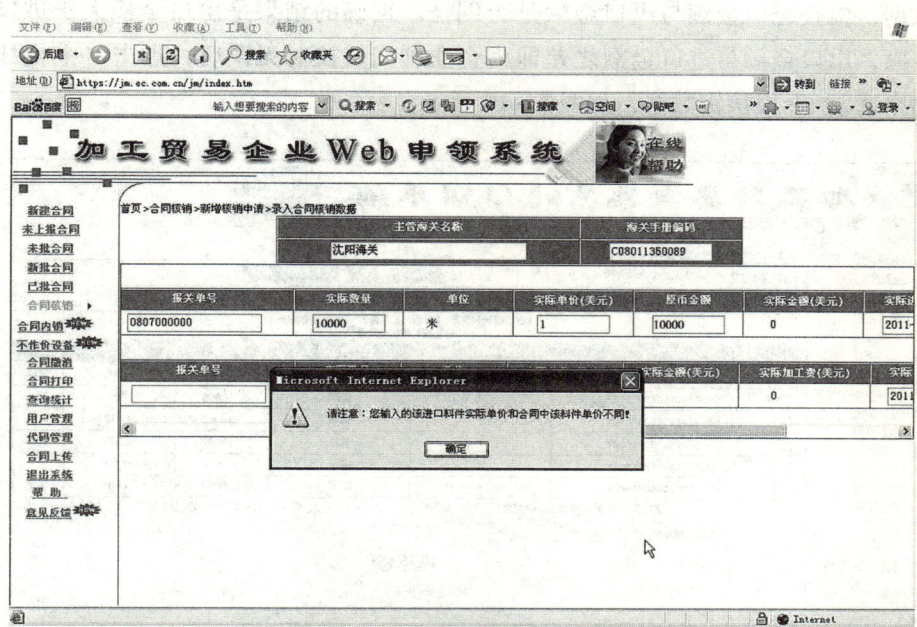

图7-8 确定录入数据

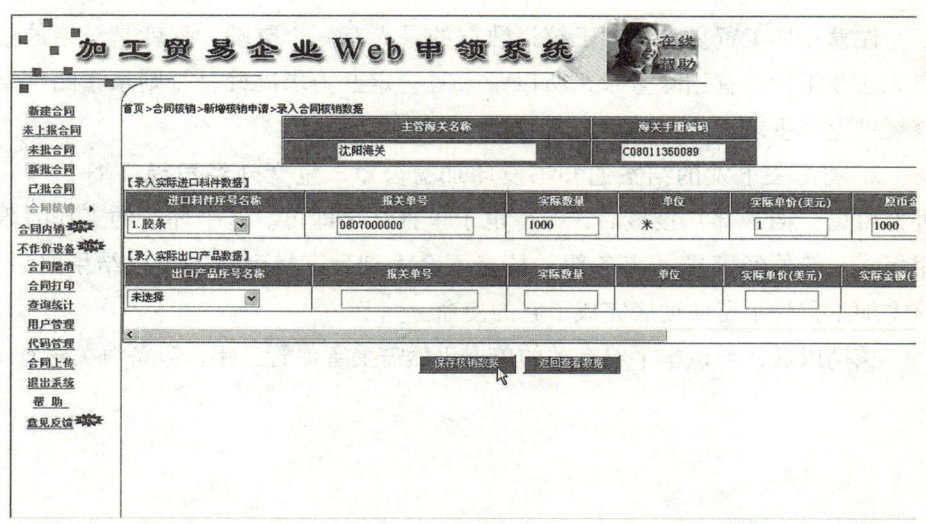

图7-9 保存核销数据

(9) 点击"进出口核销数据",校对所录入的信息是否正确,查看对比数据,检查进口金额与出口金额是否倒挂。正确的结果是出口金额大于进口金额,出口金额与进口金额之差即为企业利润。校对无误后,点击"上报核销申请",上报核销数据,如图 7-10 所示。

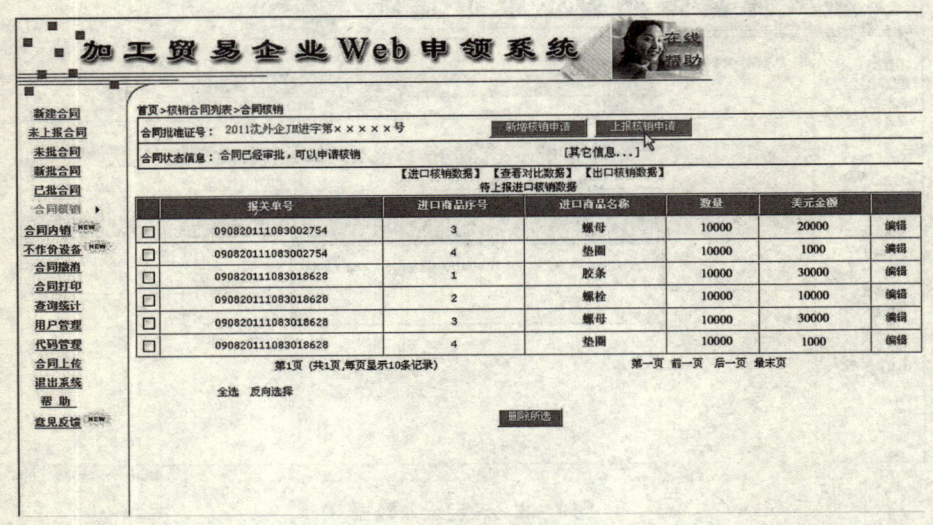

图 7-10　上报核销数据

**注意**:加工贸易系统对于核销数据的录入有一个弊端,那就是录错的信息无法改正,只有删除重录,所以录入时一定要力求准确,否则录错的信息就要被返工重录。

2. 将海关下发的结案通知书复印加盖公章,呈交外经贸局(商务部)。外经贸局(商务部)接核后,等待电子审批结果即可。这个环节的工作时限很短,一般外经贸局(商务部)核查不会太细致。接到电子审批结果之后,该本加工贸易手册便彻底完成了它的使命。

核销以后,与该本手册有关的单据仍然需妥善保管三年,以备海关核查。

# 第三编

## 灵活运用加工贸易

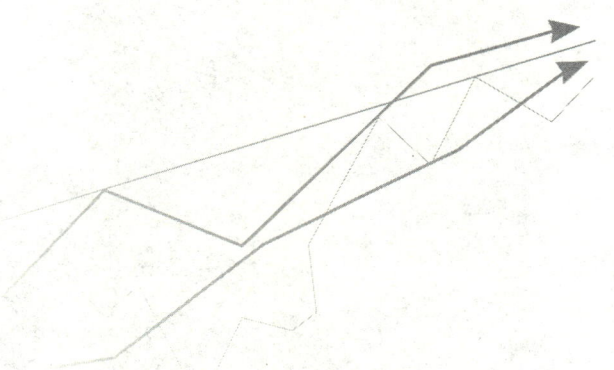

# 第八章 进料抵扣与外发加工

## 第一节 进料抵扣

### 一、进料抵扣的含义、条件及办理的好处

（一）进料抵扣的含义

进料抵扣，买卖双方既签订了进口采购合同，也签订了出口销售合同，进口采购合同中的买方为出口销售合同中的卖方，进口采购合同中的卖方为出口销售合同中的买方，出口销售合同中的卖方要进口进口料件时，不需付进口料件款，待出口收汇时，在出口总值中扣除原进口料件款的收付汇形式。

（二）办理进料抵扣的条件

（1）必须是在进料加工贸易项下的。

（2）进口料件必须有一部分为进料采购的，有一部分为需要抵扣的，不付汇的。进口料件全部是进料采购的不可以，全是需要抵扣的也不可以。

（3）进料采购合同与免费提供的合同必须是分别签署的。

（4）出口销售合同的买方必须是需要抵扣材料的卖方。

（5）需要抵扣部分的信息（包括品名、数量、单价、总价）一经在海关与外汇管理局备案，就不可以变更，否则出口收汇核销就会很麻烦。

（三）办理进料抵扣的好处

（1）进口前不需提前支付预付款，进口后不需付汇，节省了付汇手续费，

减少了工作量。

(2) 相对一般贸易而言，节省了关税、增值税。

(3) 相对来料加工而言，可以进行正常退税。

当然它也存在一是的局限，那就是要求需要抵扣的部分备案以后就一成不变，进料采购部分的变化也必须满足一个抵扣率。

抵扣率，是指所需抵扣的进口总值与出口成品总值之间的比率。

这个比率需要在当地主管外汇管理局备案。抵扣率是不能轻易变化的，即使变化，也不能超出原来备案的抵扣率，一旦超出就会给出口收汇核销带来很大的麻烦。

## 二、进料抵扣手册的办理及执行

### （一）进料抵扣手册的办理

进料抵扣手册的办理与其他手册的办理在程序上没有什么不同，只是在签订合同上有一点要求，就是进口采购合同至少需要两份，即一份是进料采购的，另一份是需要抵扣的。

另外，在外汇管理局备案时需要特殊强调一下。

### （二）进料抵扣手册的执行

进料抵扣手册的执行要求比较严格，所以操作时必须小心谨慎，认真对待。在进口报关前必须严格审核供应商提供的需要抵扣料件的单据数量、单价和总价，需要准确无误。否则就会给后续的出口收汇核销留下难题。

### （三）进料抵扣手册项下进出口报关单的核销

 **案例 8-1　进料抵扣**

一外资企业 A 公司先与美国 B 公司签订了出口销售合同（CONTRACT1），需要办理加工贸易手册，美国 B 公司要求生产出口成品的部分料件要由本公司亲自采购提供给 A 公司，但是不要求 A 公司支付货款，要求在其支付出口

货款时扣除（在这种情况下，双方一般不签订合同，只是信件往来确认，但是加工贸易要求必须签订合同，所以新兴企业最好打好基础，要求与其签订合同，我们这里称谓 CONTRACT2），接下来 A 公司又与英国 C 公司签订了采购合同（CONTRACT3）。

 **案例分析**

从上面的描述来看，A 公司具备了办理进料抵扣加工贸易手册的条件，那么其就可以按照外经贸局（部）及海关的要求办理进料抵扣形式的加工贸易手册了。

 **技巧分享**

1. 对于进料抵扣的加工贸易形式，外经贸局（商务部）没有特殊要求，所以在办理时不必与这两个部门打招呼，正常办理即可。只是提供合同时，需要抵扣部分的合同内容除了货物信息以外，都与进料采购合同的内容相同即可，当然一些贸易条款是可以按照实际签约时改变的，但是不用出现"进料抵扣"字样。

2. 在进口时，要特别注意，进料抵扣部分的进口信息要与合同备案的信息完全一致。

3. 在核销时，一定要分清哪些进口报关单是需要付款的，哪些是需要抵扣的，需要抵扣的报关单必须与该手册项下的出口报关单一起核销。

4. 核销时要注意抵扣率的变化。

5. 实在无法控制抵扣率的情况下，只有变更合同。

## 第二节 外发加工

### 一、外发加工的含义

外发加工，是指经营企业因受自身生产特点和条件限制，经海关批准并办理有关手续，委托承揽企业对加工贸易货物进行加工，在规定期限内将加工后的产品运回本企业并最终复出口的行为。

外发加工的成品、剩余料件以及生产过程中产生的边角料、残次品、副产品等加工贸易货物，经经营企业所在地主管海关批准，可以不运回本企业。

## 二、办理外发加工前需要注意的海关相关规定

根据海关总署第 195 号令第二十四条的规定，有下列情形之一的，申请开展外发加工业务的经营企业应当向海关提供相当于外发加工货物应缴税款金额的保证金或者银行保函：

（1）外发加工业务跨关区的。
（2）全部工序外发加工的。
（3）外发加工后的货物不运回直接出口的。
（4）申请外发加工的货物未涉案，但经营企业或者承揽企业涉嫌走私、违规，已被海关立案调查、侦查且未审结的。

申请外发加工的货物之前已向海关提供不低于应缴税款金额的保证金或者银行保函的，经营企业无须再按照本条前款规定向海关提供保证金或者银行保函。

经营企业或者承揽企业生产经营管理不符合海关监管要求以及申请外发的货物属于涉案货物且案件未审结的，海关不予批准外发加工业务。

第二十五条规定，外发加工的成品、剩余料件以及生产过程中产生的边角料、残次品、副产品等加工贸易货物，经经营企业所在地主管海关批准，可以不运回本企业。

第二十六条规定，经营企业和承揽企业应当共同接受海关监管。经营企业应当根据海关要求如实报告外发加工货物的发运、加工、单耗、存储等情况。

## 三、办理外发加工的程序

### （一）办理外发加工的准备工作

1. 签订外发加工合同，如图 8-1 所示。

## 玻 璃 委 托 加 工 协 议

合同编号：2009-07-16QYC　　　　　签订地点：沈阳市

订作方（以下简称甲方）：沈阳市A有限公司
地址：沈阳市经济技术开发区×××　　邮编：××××××
电话：×××-××××××××　　传真：×××—××××××××

承揽方（以下简称乙方）：东莞市×××有限公司
地址：广东省东莞市××镇××村　　电话：×××—××××××××
传真：

经甲乙双方友好协商，就甲方在乙方处订作用于日本桥野村委托加工玻璃事宜，下表玻璃为甲方提供给乙方的日本防火和夹丝玻璃：

| 玻璃配置 | 数量（片） | 总面积 m2 | 单价（美元/片） | 总价值（美元） |
| --- | --- | --- | --- | --- |
| 10mm 夹丝玻璃 B1-07 | 9 | 27.0662 | 327.9 | 2951.10 |
| 10mm 夹丝玻璃 B1-18 | 5 | 16.19345 | 354.132 | 1770.66 |
| 10mm 夹丝玻璃 B1-25 | 6 | 20.71338 | 377.085 | 2262.51 |
| 8mm 防火玻璃 B5-01 | 88 | 240.238 | 263.1185 | 23154.42 |
| 8mm 防火玻璃 B5-03 | 168 | 416.3422 | 239.0234 | 40155.94 |
| 8mm 防火玻璃 B5-04 | 10 | 30.01078 | 289.1412 | 2891.42 |
| 8mm 防火玻璃 B5-05 | 26 | 70.8325 | 262.1547 | 6816.02 |
| 总　计 | | | | 80002.07 |

在乙方工厂加工合成中空玻璃后运回乙方↓。
合成后的玻璃如下表：

| 加工后玻璃配置 | 数量（片） | 总面积 m2 | 价格（元/片） | 总价 |
| --- | --- | --- | --- | --- |
| 夹丝中空玻璃 B1-07 | 9 | 27.07 | ￥1,095.00 | ￥9,855.00 |
| 夹丝中空玻璃 B1-18 | 5 | 16.19 | ￥1,182.60 | ￥5,913.00 |
| 夹丝中空玻璃 B1-25 | 6 | 20.71 | ￥1,259.25 | ￥7,555.50 |
| 防火夹胶玻璃 B5-01 | 88 | 240.24 | ￥1,075.62 | ￥94,654.56 |
| 防火夹胶玻璃 B5-02 | 168 | 416.34 | ￥977.12 | ￥164,156.16 |
| 防火夹胶玻璃 B5-03 | 10 | 30.01 | ￥1,182.00 | ￥11,820.00 |
| 防火夹胶玻璃 B5-04 | 26 | 70.83 | ￥1,071.68 | ￥27,863.68 |
| 总　计 | | | | ￥321,817.90 |

达成如下条款，以兹共同遵守。

委托加工内容：

图8-1　外发加工合同

2. 办理外发加工所需手册。
3. 去海关申领三表并填制。
（1）加工贸易货物外发加工审批表，如图8-2所示；
（2）加工贸易外发加工货物外发清单，如图8-3所示；
（3）加工贸易外发加工货物运回清单，如图8-4所示。

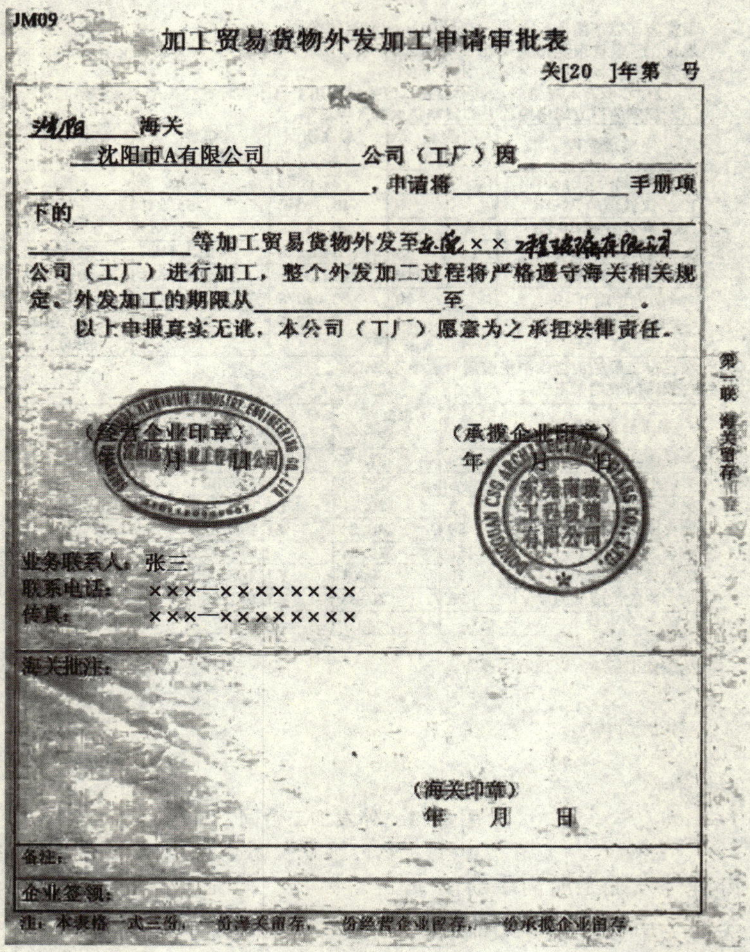

JM09

**加工贸易货物外发加工申请审批表**

关[20 ]年第 号

沈阳 海关

沈阳市A有限公司 公司（工厂）因 ，申请将 手册项下的 等加工贸易货物外发至东莞××工程玻璃有限公司 公司（工厂）进行加工，整个外发加工过程将严格遵守海关相关规定。外发加工的期限从 至 。

以上申报真实无讹，本公司（工厂）愿意为之承担法律责任。

（经营企业印章） 年 月 日

（承揽企业印章） 年 月 日

业务联系人：张三

联系电话： ×××—××××××××

传真： ×××—××××××××

海关批注：

（海关印章）

年 月 日

备注：

企业签领：

注：本表格一式三份，一份海关留存，一份经营企业留存，一份承揽企业留存。

第一联 海关留存

图 8－2 外发加工审批表

## 加工贸易外发加工货物外发清单

| 项目序号 | 外 发 货 物 | | | | | | 单耗 |
|---|---|---|---|---|---|---|---|
| | 货物名称 | 规格型号 | 数量 | 重量 | 价值 | | |
| | | | | | 单价 | 总值 | |
| 1 | 夹丝玻璃B1-01 | B=3554mm H=804mm S=3m² | 9片 | 19.22平方 | $322.9000 | $2951.10 | 1片 |
| 2 | 夹丝玻璃B1-19 | B=2529mm H=911mm S=2m² | 5片 | 414.9平方 | $354.1320 | $1770.66 | 1片 |
| 3 | 夹丝玻璃B1-20 | B=2359mm H=972mm S=2m² | 6片 | 539.92平方 | $377.085 | $2262.51 | 1片 |
| 4 | 防火玻璃B1-01 | H=2039mm S=2m² | 88片 | 1920.12平 | $263.1185 | $23154.43 | 1片 |
| 5 | 防火玻璃B5-03 | H=2320mm S=2m² | 108片 | 8532.27平 | $249.0234 | $40155.93 | 1片 |
| 6 | 防火玻璃B5-04 | H=1929mm S=2m² | 10片 | 614.4平 | $239.1490 | $2391.41 | 1片 |
| 7 | 防火玻璃B5-05 | H=1820mm S=2m² | 26片 | 1448.5平 | $263.1146 | $6834.02 | 1片 |

注：本表格一式三份，一份海关留存，一份经营企业留存，一份承揽企业留存。

（企业印章）

年 月 日

第一联 海关留存

图8-3 外发加工货物清单

## 加工贸易外发加工货物运回清单

| 项号 | 运回货物 | | | | 价值 | | 备注 |
|---|---|---|---|---|---|---|---|
| | 货物名称 | 规格型号 | 数量 | 重量(千克) | 单价(RMB) | 总值(RMB) | |
| 1. | 夹丝中空玻璃 | B1-07 | 9片 | 1520.84 | 3324.72 | 29922.48 | |
| 2. | 夹丝中空玻璃 | B1-18 | 5片 | 912.38 | 3590.70 | 17953.48 | |
| 3. | 夹丝钢板玻璃 | B1-25 | 6片 | 1165.82 | 3823.43 | 22940.57 | |
| 4. | 防火夹胶玻璃 | B5-01 | 88片 | 9840.23 | 2864.83 | 252104.27 | |
| 5. | 防火夹胶玻璃 | B5-02 | 128片 | 17045.57 | 2802.48 | 437216.29 | |
| 6. | 防火夹胶玻璃 | B5-03 | 10片 | 1278.8 | 3,148.16 | 31981.60 | |
| 7. | 防火夹胶玻璃 | B5-04 | 26片 | 2896.69 | 2854.33 | 74212.13 | |

注：本表格一式三份，一份海关留存，一份经营企业留存，一份承揽企业留存

（企业印章）
年 月 日

图 8-4　外发加工货物运回清单

4. 写情况说明，如图 8-5 所示。

# 情况说明

**尊敬的沈阳海关：**

　　对于我司承揽的×××工程，需要办理加工贸易手册，但是手册中第1-15项进口后第一道工序，技术性要求太高，我司无法独自完成，所以需办理外发加工，详细情况作以下说明：

一、进口料件中第1-7项的夹丝玻璃与防火玻璃

1、外发加工工序：玻璃合片。即将国外采购的夹丝玻璃、防火玻璃分别与在东莞×××有限公司采购的玻璃合片变成中空玻璃和夹胶玻璃。

2、外发加工原因：我司没有夹胶玻璃及中空玻璃加工的技术与能力。

3、东莞×××有限公司是我国数一数二的大型玻璃加工企业之一，况且对于本工程其余的国产玻璃均是在该公司进行采购，因此我司对东莞×××有限公司的生产能力是完全认可的。

二、进口料件中第8-15项防火型材

1、外发加工工序：对型材表面进行喷涂。

2、外发加工原因：因为国产铝型材都是在江阴×××有限公司喷涂的，为了保证本工程工程型材喷涂颜色色调一致，不产生色差，所以此工序需外发。

3、江阴×××有限公司是我国大型铝型材加工及喷涂企业之一，况且对于本工程其余国产型材的喷涂均是在该公司进行的，因此我司对江阴×××有限公司的生产能力是完全认可的。

沈阳市A有限公司
2009.07.20

图8-5　情况说明

内容包括：

（1）哪道加工工序外发。

（2）外发加工的原因。

（3）外发企业对承揽加工企业生产能力的认可。

## （二）办理外发加工需要提供的资料

1. 加工贸易手册。
2. 加工贸易货物外发加工审批表。
3. 加工贸易外发加工货物外发清单（必须提交）。此处涉及的单耗，是加工时的单耗而不是手册中的单耗。
4. 加工贸易外发加工货物运回清单（可以回运时再提交）。
5. 承揽加工企业营业执照复印件。
6. 承揽加工企业的生产能力证明。
7. 加工合同（主要体现为加工费）（复印件盖公章或合同专用章即可）。

## （三）向海关申报

1. 海关系统录入。
2. 海关关员审批。
3. 关员审批后，过机即可使用。

### 案例 8-2　外发加工

沈阳市一经营加工贸易企业 A 公司，与日本 B 公司签订了一份加工贸易合同，出口成品为玻璃幕墙单元，B 公司要求提供单片玻璃及型材，但是玻璃幕墙单元需要的是中空玻璃。A 公司只是一个加工组装公司，并不具备玻璃合片技术，于是将此项工作委托给江苏一玻璃厂 C 公司来做这道工序，C 公司完成此工序后，再发至 A 公司，A 公司完成后续加工组装工作，复运出口。

### 案例分析

从上面的描述来看，符合外发加工条件，可以做外发加工，但本次外发加工属于跨关区外发加工，所以操作时应特别注意：如果该企业办理手册时已经缴纳相当货物税款保证金或银行保函，则不需重复缴纳。

 **技巧分享**

在向海关申报前问好承揽企业的主管海关和海关注册编码。

注意提醒加工企业,加工后剩下的边角料等不要自行处理,必须等待海关批示,才可处理。

加工完的货物可以自行运回委托加工公司,无须向海关申报。

对于外发加工海关的相关规定,请参考海关总署第195号令:

第二十三条　经营企业经海关批准可以开展外发加工业务,并按照外发加工的相关管理规定办理。

经营企业开展外发加工业务,不得将加工贸易货物转卖给承揽企业。承揽企业不得将加工贸易货物再次外发至其他企业进行加工。

第二十四条　有下列情形之一的,申请开展外发加工业务的经营企业应当向海关提供相当于外发加工货物应缴税款金额的保证金或者银行保函:

(一)外发加工业务跨关区的;

(二)全部工序外发加工的;

(三)外发加工后的货物不运回直接出口的;

(四)申请外发加工的货物未涉案,但经营企业或者承揽企业涉嫌走私、违规,已被海关立案调查、侦查且未审结的。

申请外发加工的货物之前已向海关提供不低于应缴税款金额的保证金或者银行保函的,经营企业无须再按照本条前款规定向海关提供保证金或者银行保函。

经营企业或者承揽企业生产经营管理不符合海关监管要求以及申请外发的货物属于涉案货物且案件未审结的,海关不予批准外发加工业务。

第二十五条　外发加工的成品、剩余料件以及生产过程中产生的边角料、残次品、副产品等加工贸易货物,经经营企业所在地主管海关批准,可以不运回本企业。

第二十六条　经营企业和承揽企业应当共同接受海关监管。经营企业应当根据海关要求如实报告外发加工货物的发运、加工、单耗、存储等情况。

# 第九章 加工贸易实务疑难解惑

## 一、作者工作中遇到的问题分享

1. 在已批合同中为什么找不到实际已经审批完毕的合同?

答：未接收外经贸局（商务部）的审批结果，在新批合同中点击接受将其变为已批合同，即可找到。

2. 录入的数据，系统保存不上，怎么办？

答：打开 IE 浏览器 $\xrightarrow{\text{找到}}$ 工具栏 $\xrightarrow{\text{点击}}$ internet 选项 $\xrightarrow{\text{找到}}$ 设置 $\xrightarrow{\text{选择}}$ 每次启动 internet explorer 时检查手册丢失问题。

3. 想变更合同时，在已批合同中，找不到变更的链接，怎么办？

答：点击"变更信息"，查看详细信息，你会发现肯定有一次变更信息是未提交过的，对于这个信息，如果没用就删除，有用就提交，处理好后，就可以变更了。

4. 进口料件有剩余或者不足，也就是所谓的数据不平怎么解决？

答：首先检查所录入的进出口数量及单、损耗录入是否有误，如果都正确，分两种情况处理：

（1）进口料件的单位是"个"的，必须核查一下，设计图纸，查明原因。

（2）进口料件的单位不是"个"的，用英语的名词解释一下，就是不可数名词，要看剩余或不足多少，小于 1 的，因为小数点保留问题，可以不加理会，到外经贸局（商务部）和海关是可以放行的，但是如果大于或等于 1 的情况必须调整单耗或损耗。否则会以数据不平为由拒批批准证或拒绝接受备案。

具体的调整方法是：先视剩余的或不足的料件数，然后根据单耗看与之对应的出口成品的数量差不多的，用剩余或不足的料件数除以对应成品的数量，得出的数就是要平摊的单耗数。如果是剩余的料件，就在原来单耗基础上加上这个数，若不足的话，就在原来单耗基础上减去这个数。

当然，这个办法不是万能的，只有在数量相差较小的情况下才能适用；如果相差太大，就说明你的备案数据有问题。

5. 变更单耗时，已经更改了进口料件对应的出口成品的单耗，可是检查时却发现单耗没有改过来，怎么办？

答：在更改要变更的进口料件的单耗前，先重新选择出口成品对应的进口料件，然后再录入要变更的单耗，保存即可。

6. 合同已经上报，但是单据没有打印，怎么办？

答：将原合同在系统中复制，重新打印要打的合同，打印好后，可以删除复制的数据。

## 二、网友答疑

1. 在目前提高出口退税率的情况下，做"进料加工"或是"来料加工"，哪一种更合算？

我公司为服装生产企业，现出口退税率为16%，两种出口加工业务都可以操作，但哪一种更为有利呢？

答：如果本着提高出口退税率的目的，是不能做来料加工的。首先，来料加工是不能退税的。其次，你在问题中没有交代明白，贵公司生产的服装原料是国内采购还是国外采购，如果都是国内采购，则不允许做进料加工，也没有必要做进料加工；如果主料或者部分料件从国外采购，而且采购量所占比重较大，还是应该做进料加工，这样可以减少进口关税及增值税。

2. 来料加工和进料加工有何区别？

答：来料加工，对进口料件有使用权，没有所有权，只收取加工费，不负责销售，不能退税。

进料加工，对进口料件有所有权，自行采购，负责销售，可以退税。

3. 进料加工出口退税是怎么回事，来料加工有退税吗？

答：进料加工退税是退回国产料件部分的增值税，从国外采购的部分是不能退的。

**4. 一般贸易和进料加工的出口退税计算方法是什么？**

我刚刚接触出口方面的事宜，对一般贸易和进料加工出口退税的区别不是很清楚，尤其是对于二者在退税方面的计算方式不明了，请指教。

答：（1）一般贸易的退税计算方法：应退税额＝增值税发票的不含税金额×退税率

（2）进料加工的退税计算方法：

①工厂自己进口，自己生产的计算方式：

应退税额＝出口货物的应退税额－销售进口料件的应抵减税额

销售进口料件的应抵减税额＝销售进口料件金额×复出口货物退税率－海关实征的增值税税额

②外贸企业委托生产企业加工并收回复出口的货物，凭受托方开具的增值税专用发票上注明的金额，按复出口货物适用的退税率计算加工费应退税额。

委托加工复出口货物应退税额的计算公式为：

应退税额＝增值税专用发票上注明的加工费金额×复出口货物适用退税率

③出口企业未按规定办理进料加工贸易免税证明的，相应的复出口货物不得申请办理退税，按"离岸价×外汇人民币牌价×征税率"计算补税。

**5. 来料加工手册中，进料完成，出口成品的个数也出完成了，但是重量还剩8公斤，可以核销吗？在核销报告上写实际报关单的数量还是按备案的时候填写呢？**

答：写报关单上实际进口的数量。在这种情况下，原来备案时的单耗肯定备大了，核销时要更改单耗，剩余的部分要进行内销补税、余料结转或放弃处理。

**6. 来料加工的手册核销时进口金额大于出口金额，会怎样？反之，又会怎样？**

答：进口金额大于出口金额是倒挂的一种，视情节而定，要受到海关的处罚，首先要查明原因。造成这种情况的主要原因是：出口总值只计算了加工费，未计算材料费，或者反之。

至于出口金额大于进口金额的情况是正常的。

7. 关于加工贸易免许可证件的事宜。

请问：(1) 85256010.00，是否涉及3C认证和O证？(2) 如果用加工贸易手册进口，进口许可证是否可以免办？

答：经查询，该HS编码对应需要办理O证。根据货物自动进口许可管理办法，加工贸易项下进口并复出口（除原油、成品油）的可以免领"自动进口许可证"。

8. 加工贸易手册办理延期业务需要经外经贸委审批吗？

我公司是做进料加工业务的，手册9月份就要到期，由于特殊情况，现需要办理手册延期业务，办理该业务时是否需要进入加工贸易网填写变更情况，是否需要外经贸委审批，还是直接将申请和手册交至海关进行三级审批呢？如果能办理延期，如何办理？

答：此种情况可以延期。

延期3个月以下的，直接到海关办理即可；延期3个月以上的，以下文件需要外经贸部门的申请批准件。

(1) 申请报告（列名手册的执行情况）；

(2) 延期合同；

(3) 已预录入的延期申请表。

9. 加工贸易手册丢失，海关要求登报声明，怎样登报呢？

答：这个证件有点特别，海关应该是要求刊登国际商报。登报资料：营业执照复印件，登报内容加盖公章。内容：遗失声明——某某公司不慎遗失加工贸易手册，编号：×××，声明作废。

10. 加工贸易手册办理了延期可以进料吗？延期5个月，如果进料会有什么后果？

答：手册延期以后，处于正常使用状态，是可以正常进出口的，除非一些企业有个别问题，海关有特殊要求的，否则可以进行正常的进出口。

11. 加工贸易手册到期能否办理延期手续？会不会对企业产生影响？

答：可以办理延期。一本手册只能延期两次，一次最多延期6个月，如果两次延期都未执行完毕，那么，只能补税或者结转了。

对企业会有影响，尤其是新成立的企业，原则上是一本手册没有执行完，或者是执行不力的话，海关不会批第二本手册。

**12. 首次办理进料加工贸易手册,如何操作?**

我公司是集团公司,又注册了另一家外贸公司,现在要用这家外贸公司做加工贸易。委托加工的是我集团公司里的一家公司,地址是相同的,公章不同。这家外贸公司要如何办理加工贸易手册?

答:(1)外贸公司和生产公司办生产能力证明,参见本书第二章图 2-6,外贸公司填表一,生产公司填表三。

(2)外贸公司到当地中国国际电子商务中心申请 CA 证书和加贸联网申领系统。

(3)外贸公司在系统申报进料成品和单耗的信息,加工企业选生产公司。

(4)申报后到当地商务局审批。

(5)审批后到海关办理手册、交保证金、国税备案等。

关于加工贸易的相关规定请参考海关总署第 195 号令。

# 书目介绍

## 乐 贸 系 列

| 书名 | 作者 | 定价 | 书号 | 出版时间 |
|---|---|---|---|---|

### 📖 外贸操作实务子系列

1. 外贸高手客户成交技巧　　　　毅　冰　　35.00 元　978-7-80165-841-8　2012 年 1 月第 1 版
2. 外贸纠纷处理实务
　　——案例与技巧　　　　　　熊志坚　　35.00 元　978-7-80165-789-3　2011 年 1 月第 1 版
3. 报检七日通　　　　　　　　　徐荣才　朱瑾瑜　22.00 元　978-7-80165-715-2　2010 年 8 月第 1 版
4. 实用外贸技巧助你轻
　　松拿订单　　　　　　　　　王陶（波锅涅）25.00 元　978-7-80165-724-4　2010 年 4 月第 1 版
5. 外贸业务经理人手册
　　（第 2 版）　　　　　　　　陈文培　　39.00 元　978-7-80165-671-1　2010 年 1 月第 1 版
6. 外贸会计实务精要　　　　　　疏　影　　28.00 元　978-7-80165-633-9　2009 年 5 月第 1 版
7. 外贸实用工具手册　　　　　　本书编委会　32.00 元　978-7-80165-558-5　2009 年 1 月第 1 版
8. 外贸实务经验分享 33 例　　　 沱沱网中文站　28.00 元　978-7-80165-560-8　2009 年 1 月第 1 版
9. 外贸实务案例精华 80 篇　　　 刘德标　吴珊红　29.80 元　978-7-80165-561-5　2009 年 1 月第 1 版
10. 快乐外贸七讲　　　　　　　　朱芷萱　　22.00 元　978-7-80165-373-4　2009 年 1 月第 1 版
11. 危机生存
　　——十位经理人谈金融
　　　　危机下的经营之道　　　本书编委会　22.00 元　978-7-80165-586-8　2009 年 1 月第 1 版
12. 外贸七日通
　　（最新修订版）　　　　　　黄海涛（深海鱿鱼）22.00 元　978-7-80165-397-0　2008 年 8 月第 3 版
13. 金牌外贸业务员找客户
　　——17 种方法·案例·评析　陈念祥　张思羽　35.00 元　978-7-80165-543-1　2008 年 8 月第 2 版
14. 出口营销实战
　　（最新修订版）　　　　　　黄泰山　　38.00 元　978-7-80165-306-2　2008 年 5 月第 2 版
15. 出口营销策略
　　（《出口营销实战》升级版）　黄泰山　冯斌　35.00 元　978-7-80165-459-5　2008 年 5 月第 1 版
16. 进口实务操作指南
　　——步骤·实例·经验技巧　中国进口网　55.00 元　978-7-80165-493-8　2008 年 5 月第 1 版

### 📖 出口风险管理子系列

1. 轻松应对出口法律风险　　　　韩宝庆　　39.80 元　978-7-80165-822-7　2011 年 9 月第 1 版
2. 出口风险管理实务
　　（第二版）　　　　　　　　冯　斌　　48.00 元　978-7-80165-725-1　2010 年 4 月第 2 版
3. 50 种出口风险防范　　　　　 王新华　陈丹凤　35.00 元　978-7-80165-647-6　2009 年 8 月第 1 版

| 书名 | 作者 | 定价 | 书号 | 出版时间 |

### 📖 外贸单证操作子系列

| 书名 | 作者 | 定价 | 书号 | 出版时间 |
|---|---|---|---|---|
| 1. 跟单信用证一本通 | 何源 | 35.00 元 | 978-7-80165-849-4 | 2012 年 1 月第 1 版 |
| 2. 信用证审单有问有答 280 例 | 李一平　徐珺 | 37.00 元 | 978-7-80165-761-9 | 2010 年 8 月第 1 版 |
| 3. 外贸单证经理的成长日记 | 曹顺祥 | 38.00 元 | 978-7-80165-716-9 | 2010 年 3 月第 1 版 |
| 4. 外贸单证解惑 280 例 | 龚玉和　齐朝阳 | 38.00 元 | 978-7-80165-638-4 | 2009 年 7 月第 1 版 |
| 5. 信用证 6 小时教程 | 黄海涛（深海鱿鱼） | 25.00 元 | 978-7-80165-624-7 | 2009 年 4 月第 2 版 |
| 6. 跟单高手教你做跟单 | 汪德 | 32.00 元 | 978-7-80165-623-0 | 2009 年 4 月第 1 版 |
| 7. 外贸单证处理技巧（第 3 版） | 屈韬 | 42.00 元 | 978-7-80165-516-5 | 2008 年 5 月第 1 版 |
| 8. 进出口单证实务案例评析 | 袁永友　柏望生 | 33.00 元 | 978-7-80165-371-8 | 2006 年 8 月第 1 版 |

### 📖 福步外贸高手子系列

| 书名 | 作者 | 定价 | 书号 | 出版时间 |
|---|---|---|---|---|
| 1. 小小开发信　订单滚滚来——外贸开发信写作技巧及实用案例分析 | 薄如骎 | 26.00 元 | 978-7-80165-551-6 | 2008 年 8 月第 1 版 |
| 2. 外贸技巧与邮件实战 | 刘云 | 28.00 元 | 978-7-80165-536-3 | 2008 年 7 月第 1 版 |

### 📖 国际物流操作子系列

| 书名 | 作者 | 定价 | 书号 | 出版时间 |
|---|---|---|---|---|
| 1. 货代高手教你做货代——优秀货代笔记 | 何银星 | 25.00 元 | 978-7-80165-696-4 | 2010 年 1 月第 1 版 |
| 2. 国际物流操作风险防范——技巧·案例分析 | 孙家庆 | 32.00 元 | 978-7-80165-577-6 | 2009 年 4 月第 1 版 |
| 3. 集装箱运输与海关监管 | 赵宏 | 23.00 元 | 978-7-80165-559-2 | 2009 年 1 月第 1 版 |

### 📖 通关实务子系列

| 书名 | 作者 | 定价 | 书号 | 出版时间 |
|---|---|---|---|---|
| 1. 报关实务一本通（第 2 版） | 苏州工业园区海关 | 35.00 元 | 978-7-80165-889-0 | 2012 年 8 月第 2 版 |
| 2. 如何通过原产地证尽享关税优惠 | 南京出入境检验检疫局 | 50.00 元 | 978-7-80165-614-8 | 2009 年 4 月第 3 版 |
| 3. 海关进出口商品归类基础与训练 | 温朝柱 | 36.00 元 | 978-7-80165-496-0 | 2009 年 1 月第 1 版 |
| 4. 最新报关单填制实用辅导 | 盛新阳　彭飞 | 38.00 元 | 978-7-80165-497-7 | 2008 年 10 月第 1 版 |
| 5. 最新商品归类技巧 | 赵宏 | 38.00 元 | 978-7-80165-520-2 | 2008 年 9 月第 1 版 |

| 书名 | 作者 | 定价 | 书号 | 出版时间 |
|---|---|---|---|---|

## 📖 彻底搞懂子系列

| | 书名 | 作者 | 定价 | 书号 | 出版时间 |
|---|---|---|---|---|---|
| 1. | 彻底搞懂信用证（第二版） | 王腾 曹红波 | 35.00 元 | 978-7-80165-840-1 | 2011 年 11 月第 2 版 |
| 2. | 彻底搞懂中国自由贸易区优惠 | 刘德标 祖月 | 34.00 元 | 978-7-80165-762-6 | 2010 年 8 月第 1 版 |
| 3. | 彻底搞懂贸易术语 | 陈岩 | 33.00 元 | 978-7-80165-719-0 | 2010 年 2 月第 1 版 |
| 4. | 彻底搞懂海运航线 | 唐丽敏 | 25.00 元 | 978-7-80165-644-5 | 2009 年 7 月第 1 版 |
| 5. | 彻底搞懂提单 | 张敏 赵通 | 29.80 元 | 978-7-80165-602-5 | 2009 年 6 月第 1 版 |
| 6. | 彻底搞懂关税 | 孙金彦 | 29.00 元 | 978-7-80165-618-6 | 2009 年 6 月第 1 版 |

## 📖 外贸英语实战子系列

| | 书名 | 作者 | 定价 | 书号 | 出版时间 |
|---|---|---|---|---|---|
| 1. | 外贸高手的口语秘籍 | 李凤 | 35.00 元 | 978-7-80165-838-8 | 2012 年 2 月第 1 版 |
| 2. | 外贸英语函电实战 | 梁金水 | 25.00 元 | 978-7-80165-705-3 | 2010 年 1 月第 1 版 |
| 3. | 外贸英语口语一本通 | 刘新法 | 29.00 元 | 978-7-80165-537-0 | 2008 年 8 月第 1 版 |
| 4. | 英汉物流词汇精析——结合实务操作 | 应海新 | 68.00 元 | 978-7-80165-517-2 | 2008 年 5 月第 1 版 |

## 📖 外贸谈判子系列

| | 书名 | 作者 | 定价 | 书号 | 出版时间 |
|---|---|---|---|---|---|
| 1. | 外贸英语谈判实战 | 王慧 吴旻 张海军 蒋晓杰 仲颖 | 32.00 元 | 978-7-80165-767-1 | 2010 年 9 月第 1 版 |
| 2. | 外贸谈判策略与技巧 | 赵立民 | 26.00 元 | 978-7-80165-645-2 | 2009 年 7 月第 1 版 |

## 📖 国际商务往来子系列

| 书名 | 作者 | 定价 | 书号 | 出版时间 |
|---|---|---|---|---|
| 国际商务礼仪大讲堂 | 李嘉珊 | 26.00 元 | 978-7-80165-640-7 | 2009 年 12 月第 1 版 |

## 📖 贸易展会子系列

| 书名 | 作者 | 定价 | 书号 | 出版时间 |
|---|---|---|---|---|
| 外贸参展全攻略——如何有效参加 B2B 贸易商展（第二版） | 钟景松 | 33.00 元 | 978-7-80165-779-4 | 2010 年 10 月第 2 版 |

## 📖 区域市场开发子系列

| 书名 | 作者 | 定价 | 书号 | 出版时间 |
|---|---|---|---|---|
| 中东市场开发实战 | 刘军 沈一强 | 28.00 元 | 978-7-80165-650-6 | 2009 年 9 月第 1 版 |

## 📖 国际结算子系列

| | 书名 | 作者 | 定价 | 书号 | 出版时间 |
|---|---|---|---|---|---|
| 1. | 国际结算函电实务 | 周红军 阎之大 | 40.00 元 | 978-7-80165-732-9 | 2010 年 5 月第 1 版 |

| 书名 | 作者 | 定价 | 书号 | 出版时间 |
|---|---|---|---|---|
| 2. 出口商如何保障安全收汇<br>——L/C、D/P、D/A、O/A 精讲 | 庄乐梅 | 85.00 元 | 978-7-80165-491-5 | 2008 年 5 月第 1 版 |

### 国际贸易金融工具子系列

| 书名 | 作者 | 定价 | 书号 | 出版时间 |
|---|---|---|---|---|
| 1. 出口信用保险<br>——操作流程与案例 | 中国出口信用<br>保险公司 | 35.00 元 | 978-7-80165-522-6 | 2008 年 5 月第 1 版 |
| 2. 福费廷 | 周红军 | 26.00 元 | 978-7-80165-451-9 | 2008 年 1 月第 1 版 |

### 加工贸易操作子系列

| 书名 | 作者 | 定价 | 书号 | 出版时间 |
|---|---|---|---|---|
| 1. 加工贸易达人速成<br>——操作案例与技巧 | 陈秋霞 | 28.00 元 | 978-7-80165-891-3 | 2012 年 7 月第 1 版 |
| 2. 加工贸易实务操作与技巧 | 熊斌 | 35.00 元 | 978-7-80165-809-8 | 2011 年 4 月第 1 版 |
| 3. 加工贸易企业关务作业统筹 | 熊斌 | 29.80 元 | 978-7-80165-423-6 | 2009 年 3 月第 1 版 |

### 乐税子系列

| 书名 | 作者 | 定价 | 书号 | 出版时间 |
|---|---|---|---|---|
| 1. 外汇核销指南 | 陈文培等 | 22.00 元 | 978-7-80165-824-1 | 2011 年 8 月第 1 版 |
| 2. 外贸企业出口退税操作手册 | 中国出口<br>退税咨询网 | 42.00 元 | 978-7-80165-818-0 | 2011 年 5 月第 1 版 |
| 3. 生产企业免抵退税实务<br>——经验、技巧分享 | 徐玉树 | 35.00 元 | 978-7-80165-780-0 | 2011 年 1 月第 1 版 |
| 4. 生产企业免抵退税从入门<br>到精通 | 中国出口退<br>税咨询网 | 98.00 元 | 978-7-80165-695-7 | 2010 年 1 月第 1 版 |
| 5. 出口涉税会计实务精要<br>(《外贸会计实务精要》<br>第 2 版) | 龙博客<br>工作室 | 32.00 元 | 978-7-80165-660-5 | 2009 年 9 月第 2 版 |

### 专业报告子系列

| 书名 | 作者 | 定价 | 书号 | 出版时间 |
|---|---|---|---|---|
| 1. 国际工程风险管理 | 张燎 | 1980.00 元 | 978-7-80165-708-4 | 2010 年 1 月第 1 版 |
| 2. 涉外型企业海关事务<br>风险管理报告 | 《涉外型企业海关<br>事务风险管理<br>报告》研究小组 | 1980.00 元 | 978-7-80165-666-7 | 2009 年 10 月第 1 版 |

### 外贸企业管理子系列

| 书名 | 作者 | 定价 | 书号 | 出版时间 |
|---|---|---|---|---|
| 小企业做大外贸的四项修炼 | 胡伟锋 | 26.00 元 | 978-7-80165-673-5 | 2010 年 1 月第 1 版 |

| 书名 | 作者 | 定价 | 书号 | 出版时间 |

### 📖 国际贸易金融子系列

| # | 书名 | 作者 | 定价 | 书号 | 出版时间 |
|---|---|---|---|---|---|
| 1. | 国际贸易金融服务全程通（第二版） | 郭党怀 张丽君 张贝 | 43.00元 | 978-7-80165-864-7 | 2012年1月第2版 |
| 2. | 国际结算与贸易融资实务 | 李华根 | 42.00元 | 978-7-80165-847-0 | 2011年12月第1版 |

## "实用型"报关与国际货运专业教材

| # | 书名 | 作者 | 定价 | 书号 | 出版时间 |
|---|---|---|---|---|---|
| 1. | 现代关税实务（第2版） | 李齐 | 35.00元 | 978-7-80165-862-3 | 2012年1月第2版 |
| 2. | 国际贸易单证实务（第2版） | 丁行政 | 45.00元 | 978-7-80165-855-5 | 2012年1月第2版 |
| 3. | 报关实务（第3版） | 杨鹏强 | 45.00元 | 978-7-80165-825-8 | 2011年9月第3版 |
| 4. | 海关概论（第2版） | 王意家 | 36.00元 | 978-7-80165-805-0 | 2011年4月第2版 |
| 5. | 电子口岸实务 | 杨鹏强 林青 | 30.00元 | 978-7-80165-771-8 | 2010年9月第1版 |
| 6. | 国际集装箱班轮运输实务 | 林益松 郑海棠 | 43.00元 | 978-7-80165-770-1 | 2010年9月第1版 |
| 7. | 报检实务 | 孔德民 | 30.50元 | 978-7-80165-717-6 | 2010年5月第1版 |
| 8. | 国际货运代理操作实务 | 杨鹏强 | 45.00元 | 978-7-80165-709-1 | 2010年1月第1版 |
| 9. | 航空货运代理实务 | 杨鹏强 | 37.00元 | 978-7-80165-707-7 | 2010年1月第1版 |
| 10. | 进出口商品归类实务 | 林青 | 39.50元 | 978-7-80165-667-4 | 2009年12月第1版 |
| 11. | 进出口商品归类实务——实训题参考答案 | 林青 | 12.00元 | 978-7-80165-692-6 | 2009年12月第1版 |

待出：

供应链管理实务

## "精讲型"国际贸易核心课程教材

| # | 书名 | 作者 | 定价 | 书号 | 出版时间 |
|---|---|---|---|---|---|
| 1. | 报关实务精讲 | 孔德民 | 48.00元 | 978-7-80165-886-9 | 2012年6月第1版 |
| 2. | 国际电子商务实务精讲 | 冯晓宁 | 45.00元 | 978-7-80165-874-6 | 2012年5月第1版 |
| 3. | 国际贸易实务精讲（第5版） | 田运银 | 45.00元 | 978-7-80165-863-0 | 2012年2月第5版 |
| 4. | 国际贸易单证精讲（第3版） | 田运银 | 45.00元 | 978-7-80165-852-4 | 2012年1月第3版 |
| 5. | 国际商务谈判实务精讲 | 王慧 唐力忻 | 26.00元 | 978-7-80165-826-5 | 2011年9月第1版 |
| 6. | 国际贸易操作实训精讲 | 田运银 胡少甫 史理 朱东红 | 49.80元 | 978-7-80165-823-4 | 2011年8月第1版 |

| 书名 | 作者 | 定价 | 书号 | 出版时间 |
|---|---|---|---|---|
| 7. 国际会展实务精讲 | 王重和 | 38.00 元 | 978-7-80165-807-4 | 2011 年 5 月第 1 版 |
| 8. 国际贸易实务疑难解答 | 田运银 | 20.00 元 | 978-7-80165-718-3 | 2010 年 9 月第 1 版 |
| 9. 集装箱运输系统与操作实务精讲 | 田聿新 杨永志 汤玮 | 38.00 元 | 978-7-80165-642-1 | 2009 年 7 月第 1 版 |
| 10. 国际货运代理实务精讲 | 杨占林 | 39.00 元 | 978-7-80165-636-0 | 2009 年 6 月第 1 版 |
| 11. 海关法教程(第 2 版) | 刘达芳 | 40.00 元 | 978-7-80165-605-6 | 2009 年 3 月第 2 版 |

待出：
1. 国际贸易规则与惯例实务精讲
2. 国际营销实务精讲
3. 国际结算实务精讲
4. 外贸业务员英语实务精讲
5. 国际投资实务精讲
6. 国际技术贸易实务精讲

## 电子商务大讲堂·外贸培训专用

| | | | | |
|---|---|---|---|---|
| 1. 外贸操作实务 | 本书编委会 | 30.00 元 | 978-7-80165-621-6 | 2009 年 5 月第 1 版 |
| 2. 网上外贸——如何高效获取订单 | 本书编委会 | 30.00 元 | 978-7-80165-620-9 | 2009 年 5 月第 1 版 |
| 3. 出口营销指南 | 本书编委会 | 30.00 元 | 978-7-80165-619-3 | 2009 年 5 月第 1 版 |
| 4. 外贸实战与技巧 | 本书编委会 | 30.00 元 | 978-7-80165-622-3 | 2009 年 5 月第 1 版 |

## 中小企业财会实务操作系列丛书

| | | | | |
|---|---|---|---|---|
| 1. 做顶尖成本会计应知应会 150 问 | 张胜 | 38.00 元 | 978-7-80165-819-7 | 2011 年 8 月第 1 版 |
| 2. 小企业会计疑难解惑 300 例 | 刘华 刘方周 | 39.80 元 | 978-7-80165-845-6 | 2012 年 1 月第 1 版 |

以上图书均可在当当网、卓越网及各地新华书店等处购买。若有其他购书意向,请与本社发行部联系,联系电话:(010)65194226。